MÜNSTERSCHWARZACHER KLEINSCHRIFTEN

herausgegeben
von Mönchen der Abtei Münsterschwarzach

Band 11

Anselm Grün OSB

Der Anspruch des Schweigens

VIER-TÜRME-VERLAG MÜNSTERSCHWARZACH
1984

Anselm Grün OSB

Der Anspruch des Schweigens

VIER-TÜRME-VERLAG MÜNSTERSCHWARZACH
1984

CIP-Kurztitelaufnahme der Deutschen Bibliothek
Grün, Anselm:
Der Anspruch des Schweigens / Anselm Grün.
– Münsterschwarzach : Vier-Türme-Verlag, 1980.
(Münsterschwarzacher Kleinschriften ; Bd. 11)
ISBN 3-87868-126-7

Gesamtherstellung: Vier-Türme-Verlag, D-8711 Münsterschwarzach

ISSN 0171-6360
ISBN 3-87868-126-7

INHALT

DER ANSPRUCH DES SCHWEIGENS

Mitten im Lärm unserer Tage ist es für viele zum Bedürfnis geworden, sich dem lauten Getriebe zu entziehen und zur Stille zu finden. Eine Flut von Büchern über das Schweigen zeugt von der Sehnsucht vieler Menschen nach Stille. Der Lärm droht sie krank zu machen. Und so haben sie mit Kierkegaard das Schweigen als Heilmittel für ihre innere Erkrankung wieder entdeckt. Sie schwärmen von der Wohltat des Schweigens und singen Lobeshymnen darauf. Viele haben die heilende Wirkung des Schweigens in der Begegnung mit östlichen Meditationstechniken entdeckt und stellen das Schweigen nun höher als alle anderen religiösen Ausdrucksformen, höher als Gebet und Liturgie.

Im heute fast einhelligen Lobpreis des Schweigens fehlt ein Aspekt, der in der monastischen Tradition immer wieder betont wird: das Schweigen als Aufgabe, als Anspruch, an sich zu arbeiten, sich zu ändern. Im Folgenden sollen daher die Erfahrungen der alten Mönche (3.-6. Jhd.) mit dem Schweigen zu Wort kommen. Sie mögen helfen, etwas Klarheit zu bringen in die heute oft recht undifferenzierte Sicht des Schweigens, die mehr der Sehnsucht als der Erfahrung entspringt. Vor allem aber soll deutlich werden, daß das Schweigen eine geistliche Aufgabe ist, die den Einsatz des ganzen Menschen fordert. Schweigen ist für die Mönche weniger eine Entspannungs- oder Versenkungstechnik, oder eine Kunst, abzuschalten. Das Schweigen ist vielmehr die Einübung wesentlicher Haltungen, es erhebt einen moralischen Anspruch an uns: wir sollen unsere Fehlhaltungen abbauen, unsern Egoismus bekämpfen und uns für Gott öffnen.

Die Mönche schwärmen nicht vom Schweigen. Schwärmen ist ja immer ein Zeichen, daß man zuviel unbewußte Wünsche in das Objekt des Schwärmens hineinprojiziert. In den monastischen Schriften wird sehr nüchtern vom Schweigen gesprochen. Und es wird nie als einziges Mittel des geistlichen Weges hingestellt, sondern immer im Zusammenhang mit all den andern Methoden gesehen, die der Mönch erlernen muß: das Beten, Meditieren, das Aussprechen der innersten Gedanken einem geistlichen Vater gegenüber, das Arbeiten, Fasten, Almosengeben, Gastfreundschaft und Liebe zum Bruder.

I. SCHWEIGEN ALS KAMPF GEGEN SÜNDE UND LASTER

Das Schweigen wird von den Mönchen als ein Mittel im Kampf um die Reinheit des Herzens, um innere Lauterkeit und Rechtschaffenheit verwendet. Zunächst dient es dazu, die vielen Sünden zu vermeiden, die wir täglich mit der Zunge begehen. Benedikt begründet in seiner Regel das Schweigen mit dem Satz aus dem Buch der Sprüche: „Beim vielen Reden wirst du der Sünde nicht entgehen.“ (Pro 10, 19; RB 6) Das scheint eine sehr negative Begründung zu sein. Vom Lob des Schweigens ist da nichts zu spüren. Man soll nur schweigen, weil man sonst ständig sündigen würde. Im Schweigen vermeide ich die Sünden der Zunge. Die Mönche haben offensichtlich sehr negative Erfahrungen mit dem Reden gemacht. Sobald man den Mund auftut, ist man schon in Gefahr zu sündigen. In einem Väterspruch kommt das zum Ausdruck:

Einmal sprach der Altvater Sisoes voll Zuversicht: „Siehe, jetzt sind es dreißig Jahre, daß ich nicht mehr wegen einer Sünde zu Gott bete, aber darum bitte ich: Herr Jesus, schütze mich vor meiner Zunge – und trotzdem falle ich noch täglich durch sie und sündige.“ (Apo 808)

1. Gefahren des Redens

Es sind vor allem 4 Gefahren, die nach der Erfahrung der Mönche das Reden mit sich bringt:

Die 1. Gefahr ist die Neugier:

Ein Altvater pflegte zu sagen: Ein Mönch soll nie zu wissen verlangen, wie dieser oder jener beschaffen sei; solche Nachforschungen halten ihn nur vom Gebete ab und führen zu Ehrabschneidungen und Schwätzereien; daher ist es am besten, ganz zu schweigen. (Apo 996)

Neugier führt zu Zerstreuung. Der Zerstreute kümmert sich um alles Mögliche. Er ist ausgegossen, leer, oberflächlich. Der Gedanke an Gott kann sich in ihm nicht halten. Es kann in ihm überhaupt nichts reifen. In einem Apophthegma wird das drastisch geschildert:

Brüder besuchten von der Sketis aus den Altvater Antonios. Sie bestiegen ein Schiff, um zu ihm zu kommen. Dort trafen sie einen Alten, der auch dorthin kommen wollte, doch die Brüder kannten ihn nicht. Als sie im Schiffe waren, unterhielten sie sich über Aussprüche der Väter, über Worte der Schrift und auch über ihre Handarbeit. Der Alte aber schwieg. Als sie nun am Landeplatz waren, zeigte es sich, daß der Alte auch auf dem Weg zum Altvater Antonios war. Als sie dann bei diesem ankamen, sprach Antonios zu ihnen: „An diesem Alten habt ihr einen guten Begleiter gefunden." Er sagte aber auch zu dem Greis: „Treffliche Leute hast du bei dir." Der Greis erwiderte: „Gut sind sie schon, aber ihr Gehöft hat kein Tor, und jedermann kann in den Stall hineingehen und den Esel losbinden." Das sagte er, weil sie alles herausschwätzten, was ihnen in den Mund kam. (Apo 18)

Wenn einer nichts für sich behalten kann, sondern alles herausreden muß, Gutes wie Schlechtes, dann hat man von ihm den Eindruck, er hat keinen Tiefgang. Er kennt keine Geheimnisse. Er kann nicht mit Geheimnissen leben, er kann sie nicht aushalten. Dann kann er aber auch nicht tiefer in ein Geheimnis eindringen. Er zerstört es, indem er sofort davon reden will. Letztlich äußert sich in diesem ständigen Reden eine Angst vor dem Geheimnis, eine Angst vielleicht vor Gott selbst. Im Reden will man alles benennen, alles durchschaubar, mitteilbar und damit beherrschbar machen. Worüber ich rede, das habe ich in der Hand. Ich werfe es einem andern zu. Also kann es mich nicht umwerfen.

Die 2. Gefahr des Redens ist das Urteilen über andere. Wenn wir unser Reden genau beobachten, so ist ein großer Teil Reden über andere. Wir verbreiten uns ständig über andere. Die andern sind ja so interessant. Sie liefern stets neuen Gesprächsstoff. Auch wenn man positiv über andere reden will, man ertappt sich doch dabei, wie man urteilt, einstuft oder eben sich selbst mit ihnen vergleicht. Häufig ist das Reden über andere ein Reden über sich selbst, ohne daß es einem bewußt ist. Man redet über die Dinge, die man selbst gerne hätte, oder über Dinge, die einem auf die Nerven gehen, oder einen verunsichern und provozieren. Doch im Reden über andere bin ich mir eben nicht bewußt, daß ich über mich selbst und meine Probleme spreche. Und so führt es meist nicht zu größerer Selbsterkenntnis, sondern im Gegenteil zu einer Abwehr ehrlicher Selbstbeobachtung. Man hält sich die eigene Wirklichkeit vom Leib, indem man vom andern spricht. Und doch ist es unschwer für jeden Beobachter zu erkennen, daß man ständig sich selbst verrät. Unser Reden verrät einem aufmerksamen Zuhörer, wie es um uns steht, woran wir denken, womit wir uns beschäftigen, womit wir innerlich nicht fertig werden. Unsere Sprache verrät den andern unsere Emotionen und Wünsche, unsere Pläne, unsere Motivationen, unsere Probleme und Komplexe.

Eine 3. Gefahr des Redens ist für die Mönche die Ruhmsucht. Wer viel redet, stellt sich häufig selbst in den Mittelpunkt. Er redet immer wieder auch von sich, rückt sich in das rechte Licht, damit man ihn auch gebührend beachtet. So sagt Climacus:

> Die Schwatzhaftigkeit ist der Thron der eitlen Ruhmbegierde, auf welchem sie über sich selbst zu Gerichte sitzt und sich in alle Welt hinausposaunt.[1]

Wer redet, will beachtet werden. Wer spricht, der erwartet, daß man ihm zuhört, daß man ihn ernst nimmt. Und häufig genug erwartet er, daß man ihn anerkennt, oder gar bewundert. Ohne daß man es merkt, dreht man die Worte so, daß man damit Anerkennung hervorrufen kann. So dient das Reden häufig der Befriedigung der Ruhmsucht.

Die 4. Gefahr des Redens ist die Vernachlässigung der inneren Wachsamkeit. Im Reden fällt man ständig aus der Wachsamkeit sich selbst gegenüber heraus. Ein Väterspruch drückt das so aus:

Abbas Diadochos sagte: „Wie die ständig geöffneten Tore des Bades sehr schnell die Wärme von drinnen nach draußen strömen lassen, genauso läßt der, der viel redet, auch wenn es gut ist, was er sagt, seine Erinnerung durch die Türe der Stimme entweichen. (II, 12)

Mit Erinnerung (mneme) meint Diadochos das Beisichsein, das Verhaftetsein an Gott, die Erinnerung an Gott. Im Reden falle ich immer wieder aus mir und meiner Mitte heraus und überspringe meine inneren Begrenzungen, die ich aufgerichtet habe, um Ordnung in meine Gefühle und Gedanken zu bekommen. Diese Erfahrung hat H. Nouwen, ein holländischer Priester und Psychologe, bei seinem siebenmonatigen Aufenthalt in einem Trappistenkloster gemacht. Er schreibt:

Schweigen. In der Tat: das Schweigen ist sehr wichtig für mich. Während der letzten Woche, mit diesem Abstecher nach New Haven, der voller Diskussionen und mündlichen Austausches war, verbunden mit vielen scheinbar notwendigen Telefongesprächen und mit einer ganzen Reihe von Gesprächen mit den Mönchen, wurde das Schweigen immer weniger ein Teil meines Lebens. Mit dem Schwinden des Schweigens entwickelte sich eine Art Gefühl der inneren Verschmutzung. Am Anfang wußte ich nicht, warum ich mich irgendwie schmutzig, staubig und unrein fühlte, aber mit der Zeit dämmerte mir, daß der Mangel an Schweigen der Hauptgrund dafür gewesen sein muß. Mir kommt zu Bewußtsein, daß mit den Worten zweideutige Gefühle in mein Leben eindringen. Es scheint fast unmöglich zu sein, zu sprechen, ohne dabei zu sündigen. Noch bei der anspruchsvollsten Diskussion schleicht sich etwas ein, das die Atmosphäre zu verschmutzen scheint. Auf unerklärliche Weise vermindert das Sprechen meine Fähigkeit, wachsam und offen zu sein, und macht mich egozentrischer. Nach meiner Diskussion mit den Studenten in New Haven letzten Sonntag fühlte ich mich nicht nur müde und abgespannt, sondern ich fühlte mich so, als hätte ich etwas berührt, das man nicht berühren sollte; als hätte ich etwas entstellt, indem ich darüber gesprochen habe; als hätte ich versucht, einen Tautropfen zu erhaschen. Nachher war ich voll innerer Unruhe und konnte nicht schlafen. . .

Der heilige Benedikt spricht sehr deutlich über die Wichtigkeit des Schweigens. Er meint, daß man sogar über gute Dinge besser schweigt als spricht. Er scheint damit sagen zu wollen, es sei praktisch unmöglich, von guten Dingen zu sprechen, ohne dabei auch mit den schlechten in Berührung zu kommen, so wie es auch unmöglich ist, Fleisch zu essen, ohne vorher ein Lebewesen getötet zu haben.[2]

Benedikt will uns darauf aufmerksam machen, wie sich bei all unserem Reden auch das Böse mit hineinmischt. Diese Erkenntnis soll uns aber nicht in Schuldangst stürzen. Denn dann dürften wir gar nichts mehr sagen, um ja keine Sünde zu begehen. Doch Benedikt geht es nicht um Sündenreinheit, sondern darum, daß wir uns über uns keine Illusionen machen sollen, daß wir nicht meinen, mit unserem Streben nach Idealen seien wir auch schon fast vollkommen. Die Erfahrung, daß wir in all unserem Sprechen immer wieder sündigen, soll uns nicht niederdrücken. Wir sollen uns nicht dauernd ein schlechtes Gewissen einreden. Sonst würden wir zum Skrupulanten. Wir sollen die Erfahrung unseres zweideutigen Redens vielmehr immer mit der Gewißheit verbinden, daß wir von Gott angenommen sind, wie wir sind. Benedikt fordert daher seine Mönche auf, niemals an der Barmherzigkeit Gottes zu verzweifeln. (RB 4, 90) Es gehört ein gewisser Humor dazu, sich bei seinem Reden immer wieder als Sünder zu ertappen, ein Humor, der eben in der Gewißheit wurzelt, daß wir von Gott angenommen und geliebt sind. Die Erfahrung der eigenen Schwäche führt dann nicht zu skrupulöser Schuldangst, sondern zu einem Gefühl innerer Freiheit. Das Idealbild, das ich tief in meinem Herzen von mir trage und an dem ich so krampfhaft festhalte, wird immer mehr zerstört, ich brauche es nicht mehr mit mir herumzuschleppen, und ich darf mich neu sehen, wie ich bin. Das befreit mich zu mir selbst. Ich brauche mich nicht zu identifizieren mit meinem Idealbild, ich darf sein, wer ich bin, weil ich so von Gott geliebt bin. Die Erfahrung, wie gefährdet ich in meinem Reden bin, ist also gleichzeitig die Erfahrung, daß ich in Gottes Liebe und Vergebung geborgen und angenommen bin.

2. Schweigen als Weg zur Selbstbegegnung

Benedikt fordert seine Mönche auf, zu schweigen, damit sie weniger sündigen. Doch untersucht man die monastischen Schriften näher, so entdeckt man auch positivere Funktionen des Schweigens. Das Schweigen ist ein Weg, auf dem der Mönch sich selbst begegnet. Wir ertappen uns häufig dabei, wie wir auf der Flucht vor uns selbst sind, wie wir nicht gern allein sind. Und wenn wir allein sind, dann brauchen wir irgendeine Beschäftigung. Ernesto Cardenal, als Trappistennovize ein Schüler Thomas Mertons, beschreibt diese Erfahrung:

Nun fällt es dem modernen Menschen schon schwer, allein zu sein; auf den Grund seines eigenen Ichs zu steigen, ist fast unmöglich für ihn. Sollte er aber doch einmal mit sich selbst im stillen Kämmerlein bleiben und gerade kurz vor der Erkenntnis Gottes stehen, dann macht er das Radio oder das Fernsehen an.[3]

Radio und Fernsehen sind Möglichkeiten, sich selbst auszuweichen. Andere können es nicht ertragen, untätig zu sein, ganz einfach dazusitzen und zu schweigen. Das macht sie nervös. Sie brauchen irgendeine Beschäftigung. Sie räumen das Zimmer auf, oder sie planen irgendetwas.

Schweigen meint nicht bloß, daß ich nichts rede, sondern daß ich die Fluchtmöglichkeiten aus der Hand gebe und mich aushalte, wie ich bin. Ich verzichte nicht bloß auf das Reden, sondern auch auf all die Beschäftigungen, die mich von mir selbst ablenken. Im Schweigen zwinge ich mich, einmal bei mir zu sein. Wer das versucht, der entdeckt, daß es zunächst gar nicht angenehm ist. Es melden sich da alle möglichen Gedanken und Gefühle, Emotionen und Stimmungen, Ängste und Unlustgefühle. Verdrängte Wünsche und Bedürfnisse kommen ans Licht, unterdrückter Ärger steigt hoch, ausgelassene Chancen, nicht gesagte oder ungeschickt gesagte Worte fallen einem ein. Die ersten Augenblicke des Schweigens enthüllen uns oft unser inneres Durcheinander, das Chaos unserer Gedanken und Wünsche. Es ist schmerzlich, dieses Chaos auszuhalten. Wir stoßen auf die inneren Spannungen, die uns ängstigen. Doch im Schweigen können diese Spannungen nicht abfließen. Schweigend entdecken wir, wie es um uns steht. Das Schweigen ist wie eine Analyse unseres Zustandes, wir machen uns nichts mehr vor, wir sehen, was in uns vorgeht.

Für viele ist diese Erfahrung so unangenehm, ja sogar belastend und beängstigend, daß sie sie nicht lange aushalten können. Sie müssen darüber sprechen, sie müssen ihre Probleme mit andern besprechen. Das hilft ihnen, mit ihren Spannungen zurechtzukommen. Das Aussprechen kann Klarheit in unser inneres Durcheinander bringen. Die alten Mönche kannten die Übung, über ihre innersten Gedanken mit einem erfahrenen Altvater zu sprechen, ihm ihre Gedanken zu offenbaren. Es galt sogar als Pflicht eines Mönches, seine Gedanken einem Mitbruder offenzulegen, aber nur einem. Er sollte nicht mit seinen Problemen bei vielen hausieren gehen, sondern sich von einem allein beraten lassen. Wer das verweigert, gilt als stolz. Wer nur schweigen will, wer meint, alles mit sich allein ausmachen zu können, den hält man nicht für einen Mönch. Denn zum Wesen des Mönches gehört die Bereitschaft, seinen inneren Zustand einem Altvater aufzudecken.

Für die heilende Bedeutung des Sichaussprechens haben wir heute viel Verständnis. Gerade weil viele Menschen heute unfähig zu echter Kommunikation sind, müssen sie es wieder lernen, sich auszusprechen und darin Befreiung von inneren Spannungen zu erfahren. Für viele ist es ein Problem, daß sie über das, was sie im Tiefsten verletzt, nicht sprechen können. Sie schlucken alles hinunter, fressen den Ärger, den Schmerz, die Enttäuschung in sich hinein, werden innerlich verbittert und bekommen Magengeschwüre davon. Für sie wäre es wichtig, zu lernen, über sich und ihre Verwundungen zu sprechen.

Doch die Mönche kennen neben dem Aussprechen der Gedanken und Gefühle auch das

Schweigen als Heilmittel. Das kommt uns vielleicht fremd vor, weil wir das Schweigen zu sehr mit Unterdrücken und Verdrängen in Zusammenhang bringen. Doch es kann ebenso hilfreich sein, Probleme erst einmal schweigend auszuhalten und nicht gleich darüber zu reden. Man kann innere Vorgänge und Prozesse auch zerreden. Für manche ist es fast eine Sucht, sich ständig über ihr Seelenleben zu verbreiten, sie kultivieren ihre Probleme, indem sie sie jedermann vorzeigen. Für die Mönche hat das Schweigen therapeutische Funktion. Es soll helfen, Abstand zu gewinnen gegenüber Aufregung und Ärger, sich selbst zu erkennen, indem man den Ärger nicht gleich am andern abläßt, sondern ihn erst einmal zurückhält, um ihn zu analysieren. Bevor man ärgerlich auf den andern reagiert, soll man erst einmal schweigend in den Grund seines Ärgers vordringen. Wir sollten uns erst einmal überlegen, ob unser Groll wirklich im Verhalten des andern begründet ist oder aber in uns selbst, ob wir auf das verletzende Wort des andern unverhältnismäßig reagieren. Und wir sollten uns fragen, wie weit der Groll aus einer Aufblähung des eigenen Ichs her rührt. John Eudes, der Abt des Trappistenklosters, in dem H. Nouwen 7 Monate verbrachte, sagt zu Nouwen, der mit seinem Ärger nicht zurechtkommt:

Der Ärger enthüllt oft, wie man über sich selbst denkt und fühlt und welche große Bedeutung man seinen eigenen Ideen und Einsichten zumißt. Wenn Gott wieder die Mitte deines Lebens wird und wenn du es fertig bringst, dich mit all deinen Schwächen vor ihn zu stellen, dann könntest du wahrscheinlich wieder etwas Abstand gewinnen, deinen Groll verebben lassen und wieder beten.[4]

Das Schweigen kann uns helfen, Abstand zu unserem Ärger und Groll zu finden.

Benedikt wendet das Schweigen als Heilmittel für Brüder an, die bestraft und aus der Gemeinschaft ausgeschlossen wurden. Wer sich verfehlt hat, soll dem Schweigen überantwortet werden. Niemand soll mit ihm sprechen:

Aber der in die Schuld eines schweren Vergehens verstrickt ist, werde vom Tisch und vom Ort des Gebetes zugleich ausgeschlossen. Keiner der Brüder trete mit ihm irgendwie in Gemeinschaft und rede mit ihm. Er sei ganz allein bei der ihm aufgetragenen Arbeit, er verharre in Tränen und Reue. (RB 25)

Schweigen ist hier zugleich Strafe wie Heilmittel. Das Schweigen soll dem gefallenen Bruder die Möglichkeit geben, in sich zu gehen, über sich zu trauern und die Verfehlung zu bereuen. Im Schweigen kann sich so in ihm die Heilung vollziehen. Würde er mit andern sprechen, würde er allzu leicht sich und sein Verhalten rechtfertigen, den Abt anklagen oder um Mitleid feilschen. Das Schweigen bewirkt Distanz sich selbst gegenüber. Im ersten Augenblick wird man die Schuld immer bei andern suchen und sich ungerecht behandelt fühlen. Es braucht erst eine Zeit des Schweigens, um sich selbst wieder klarer zu sehen.

Das Schweigen hat noch andere therapeutische Funktionen. Es kann Ordnung in das innere Chaos unserer Emotionen und Aggressionen bringen.

Ein Bruder sagte mir. Abbas Poimen hat mir gesagt: „Ihr seid ein leerer Krug. Wenn ihn jemand mit Schlangen, Eidechsen und Skorpionen füllt, wenn er diesen Krug so gefüllt und zugestopft läßt, werden dann nicht alle Reptile sterben? Und wenn ihr den Krug öffnet, werden dann nicht all diese Lebewesen herauskriechen und die Menschen beißen? Genauso ist es auch beim Menschen. Wenn er seine Zunge bewacht und seinen Mund schließt, dann bleiben alle Tiere unten. Doch wenn er seinen Mund arbeiten läßt und spricht, gehen die Tiere heraus und beißen den Bruder und der Herr wird gegen ihn erzürnen."[5]

Durch das Sprechen können all die unaufgearbeiteten Emotionen nach außen treten. Sie bekommen Luft und werden nicht verarbeitet, sie werden nicht in Zaum gehalten. Das Schweigen unterdrückt die Emotionen und Aggressionen nicht, sondern bändigt sie, bringt Ordnung in sie hinein. Durch das Reden werden die Emotionen immer wieder aufgewirbelt, im Schweigen können sie sich setzen. Ähnlich ist es beim Wein. Bewegt wird der Wein trübe, durch stilles Lagern setzt sich das Trübe und der Wein wird klar. Diese Fähigkeit des Schweigens, Klarheit in unser Herz zu bringen, beschreibt ein chinesisches Gedicht. Erhart Kästner übersetzt es so:

Wer ist im Stand, das Trübe durch Stille zu klären? Wer kann soviel Stille aufbringen, wie nötig wäre, um das Undurchsichtige zu klären? Also Stille als das Vermögen, welches Trübwasser klar macht.[6]

Eine innere Erregung, die nach außen darf, wird verstärkt. Häufig verfestigt sich eine Erregung über einen andern, wenn sie geäußert wird. Ich bin dann dem andern gegenüber festgelegt. Ich suche meine erregten Worte nachträglich zu verteidigen. Das Schweigen kann ein Mittel sein, diese Erregung zuerst zu verarbeiten. Schweigen bedeutet nicht, daß man ohne Emotionen ist. Aber man versucht, die Emotionen zur Ruhe kommen zu lassen. Das ist nicht so einfach. Und die Mönche wenden oft radikale Kuren an. So wird vom Altvater Agathon berichtet:

3 Jahre trug er einen Stein im Mund, bis er zurecht kam mit dem Schweigen. (Apo 97)

Das äußere Schweigen kann helfen, daß die inneren Emotionen sich legen. Gerade wenn man mit einem andern nicht zurechtkommt und sich immer wieder über ihn aufregt, kann ein äußeres Redeverbot helfen, daß sich auch die innere Einstellung ihm gegenüber ändert. Schweigen ist hier eine Disziplin, die eine innere Haltung erzeugen soll. Von allein geht es nicht. Die äußere Disziplin kann aber eine Hilfe sein, daß sich auch im Herzen etwas verändert.

Es geht hier nicht darum, daß der Ärger einfach geschluckt wird. Das würde nur Magengeschwüre hervorrufen. Es geht um ein Verarbeiten. Und dazu kann das Schweigen eine Hilfe sein. Das Schweigen kann jedoch auch Gift sein. Wenn einer meint, er brauche die andern nicht, er könne alles mit sich allein ausmachen, so heilt das Schweigen nicht, sondern isoliert. Aus Stolz, seine Probleme einem andern mitzuteilen, will man sie mit Gewalt im Schweigen selber lösen. Doch das sind dann meistens nur Scheinlösungen. Die Mönche überlassen es der discretio, zu unterscheiden, wo es nötig ist, zu schweigen, und wo es besser wäre zu reden. Es kann ja durchaus nötig sein, den andern auf sein Ärger hervorrufendes Verhalten aufmerksam zu machen. Schweigen wäre in einem solchen Fall eine fromme Ausrede, um sich vor dem Gespräch mit dem andern zu drücken. Aber wenn ich nicht gleich meinen Ärger dem andern gegenüber zeige, sondern erst einmal schweige, dann kann ich eher erkennen, ob es sich lohnt, den andern anzusprechen und in welchem Ton ich das tun müßte. Ein dazwischengeschaltetes Schweigen klärt, was an meinem Ärger übertrieben ist, ob mein Ärger mehr in mir und meiner Unzufriedenheit und Empfindlichkeit als im Verhalten des andern begründet liegt. Und so wird meine Reaktion nach dem Schweigen angemessener. Der erste Dampf der Aggressionen ist weg und ich kann in einem klärenden Gespräch sachlicher und weniger emotional mit dem andern sprechen. Und so kann das Gespräch für mich wie für den andern fruchtbarer werden.

Die Mönche fordern das Schweigen immer dann, wenn man einen andern sich verfehlen sieht und geneigt ist, ihn zu verurteilen. Weil die Verurteilung des andern blind macht für die eigenen Fehler, soll man schweigen. Im Schweigen kann man dann im Fehler des andern die eigenen entdecken. Zahlreiche Vätersprüche kreisen um dieses Thema, wie ich einem fehlenden Bruder begegnen soll:

Abbas Poimen sprach: „Es steht geschrieben: Was dein Auge gesehen hat, das bezeuge! (Spr 25,7). Ich aber sage euch: Auch wenn ihr es mit Händen greift, so redet nicht davon. Ein Bruder wurde in dieser Sache genarrt: Er sah etwas, wie wenn sein Bruder mit einem Weibe sündigte. Stark angefochten ging er hin und stieß sie mit dem Fuße, im Glauben, daß sie es seien, und sagte: ‚Hört endlich auf, wie lange denn noch?' Und siehe: es fanden sich Getreidegarben! Deshalb sage ich euch: Auch wenn ihr mit Händen greifen könnt, urteilt nicht." (Apo 688)

Auch wenn man meint, den Fehler des Bruders genau zu kennen und ihn mit Händen zu greifen, soll man nicht urteilen. Man wird dem Bruder damit nicht gerecht, denn zuleicht unterliegt man einer Täuschung, man wird von der Projektion der eigenen Fehler in den andern genarrt. Wenn wir schweigen, entgehen wir der Gefahr, durch unsere Projektionen getäuscht zu werden.

Schweigen ist für die Mönche wesentlich Verzicht auf das Urteilen. Es bezieht sich dabei nicht bloß auf die gesprochenen Worte, sondern ebenso auf unser inneres Reden.

Wiederum sprach er (Poimen): Da ist ein Mensch, der scheint zu schweigen, aber sein Herz verurteilt andere. Ein solcher redet in Wirklichkeit ununterbrochen. Und da ist ein anderer, der redet von der Frühe bis zum Abend, und doch bewahrt er das Schweigen, das heißt, er redet nichts Nutzloses. (Apo 601)

Wir sind ständig damit beschäftigt, uns mit andern zu vergleichen. Damit wir selber bei diesem Vergleich gut abschneiden, setzen wir den andern herab. Wir entdecken in seinem Tun falsche Motive, eigensüchtige Absichten. Ohne daß wir uns dessen bewußt sind, urteilen wir ständig über die Menschen, denen wir begegnen. Unser urteilender Verstand redet ununterbrochen in uns. Wenn wir darauf verzichten würden, die andern immer gleich einzustufen, zu beurteilen oder gar zu verurteilen, dann könnte uns das zu innerer Ruhe führen.

Wenn er (Agathon) etwas sah, und sein Herz über die Sache urteilen wollte, sprach er zu sich: „Agathon, tu das nicht!" Und so kam sein Denken zur Ruhe. (Apo 100)

Das Urteilen über die andern macht uns nicht nur unruhig, sondern auch blind für unsere eigenen Fehler. Das Schweigen im Blick auf andere ermöglicht uns eine klarere Selbsterkenntnis, es läßt uns den Mechanismus der Projektion durchschauen, in der wir unsere eigenen Fehler in den andern verlagern und somit unfähig werden, sie bei uns zu entdecken. In einem Väterspruch wird das anschaulich geschildert:

In der Sketis war einmal eine Versammlung wegen eines gefallenen Bruders. Die Altväter sprachen, nur Abbas Pior schwieg. Hernach stand er auf, nahm einen Sack, füllte ihn mit Sand und trug ihn auf der Schulter. In einem Körbchen trug er ganz wenig Sand vor sich her. Die Väter fragten ihn, was das bedeute, und er antwortete: „Dieser Sack mit dem vielen Sand, das sind meine Sünden, deren viele sind. Und ich habe sie hinter mich getan, damit sie mir nicht zu schaffen machen und ich darüber weine. Und siehe, die wenigen Fehler meines Bruders, die sind vor mir, und ich mache viele Worte, ihn zu verurteilen. Es ist nicht in Ordnung, so zu tun, vielmehr sollte ich meine eigenen vor mir tragen und über sie nachdenken und Gott bitten, mir zu verzeihen." Da standen die Väter auf und sagten: „Wahrhaftig, das ist der Weg des Heiles!" (Apo 779)

In der Projektion sind unsere Augen nur auf die Fehler des andern gerichtet, die eigenen sind hinter uns und so für uns unsichtbar. Im Schweigen halten wir uns die eigenen Sünden vor Augen, wenden wir uns der eigenen Situation zu:

Der Altvater Paphnutios sagte: „Ich war auf Wanderung und es begegnete mir, daß ich mich wegen des Nebels verirrte und mich in der Nähe eines Dorfes befand; dort sah ich, daß einige Leute in schändlicher Weise miteinander verkehrten. Ich stellte mich hin und betete um Verzeihung meiner Sünde. Und siehe, da kam ein Engel mit einem Schwert und sagte zu mir: ‚Paphnutios, alle, die ihre Brüder verurteilen, gehen durch dieses Schwert zugrunde. Du aber hast nicht geurteilt, sondern dich vor dem Angesichte Gottes verdemütigt, als hättest du diese Sünde begangen. Deswegen ist dein Name eingeschrieben im Buche der Lebendigen.'" (Apo 786)

Die Sünde der andern ist Anlaß, sich auf die eigene zu besinnen. Indem ich auf das Urteilen verzichte und schweige, werde ich fähig, mich in meiner Sündhaftigkeit zu erkennen. So rät ein Altvater:

Wenn du jemand sündigen siehst, so bete zum Herrn und sage: Verzeihe mir, denn ich habe gesündigt.[7]

Im Schweigen schauen wir nicht auf die andern, sondern auf uns und konfrontieren uns mit dem, was wir bei uns entdecken. Weil wir die Voraussetzungen nicht kennen, unter denen der andere so handelt, verbieten wir uns jedes Urteil und lassen stattdessen das Verhalten des andern unser eigenes deuten. Der Fehler des andern wird zu einem Spiegel, in dem wir die unseren klarer erkennen.

Das Schweigen angesichts der Fehler des andern hat noch eine andere Funktion. Es soll den andern heilen. So wird von Abba Makarios berichtet:

> Man erzählte vom Altvater Makarios dem Großen, daß er, wie es in der Schrift heißt, ein Gott auf Erden war (Ps 82,6); denn wie Gott die Welt schützend deckt, so bedeckte Altvater Makarios die Schwächen, die er sah, als sähe er sie nicht, und was er hörte, als hörte er es nicht. (Apo 485)

Das Aufdecken seiner Fehler kann den andern entmutigen, das schweigende Zudecken heilt ihn. Das Schweigen ist hier Ausdruck einer Liebe, in der man den andern annimmt, sich nicht über ihn erhebt, sondern um die eigene Schwäche weiß, weil man sich im Schweigen selbst begegnet ist.

3. Schweigen als Sieg über die Laster

Wir brauchen uns nur einmal zu beobachten, wenn wir nicht beschäftigt sind, wenn unsere Aufmerksamkeit nicht durch Arbeit, Lesen oder sonst ein Tun gefesselt ist. Woran denken wir dann? Welche Gedanken steigen in uns auf, etwa wenn wir spazierengehen oder wenn wir irgendwo warten, beim Zahnarzt, auf dem Bahnhof? Was geht uns vor dem Einschlafen durch den Kopf? Diese unkontrolliert aufsteigenden Gedanken zeigen uns unseren inneren Zustand an. Die Mönche benutzten diese Gedanken, um zu erforschen, ob sie einem der 8 Laster verhaftet sind: Völlerei, Unzucht, Habsucht, Traurigkeit, Zorn, Lustlosigkeit (acedia), Ruhmsucht oder Stolz. Wir können uns ja einmal testen, wie oft wir dann, wenn wir äußerlich schweigen, an das Essen denken, oder wie oft wir etwas haben wollen, wie wir von Dingen träumen, die uns erstrebenswert scheinen, von einem Auto, einer Schallplatte oder einem Pullover. Oder steigen dann sexuelle Phantasien in uns auf? Oder überlassen wir uns ärgerlichen Gedanken oder der Traurigkeit? Heute ist es modern, frustriert zu sein und seinen Frustrationsgefühlen nachzuhängen, so daß sie jeder einem schon am Gesicht ablesen kann. Die alten Mönche würden sagen, er wird vom Laster der Traurigkeit beherrscht. Oder wie oft schimpfen wir innerlich auf andere. Wir denken uns schweigend glänzende Reden aus, mit denen wir den andern fertig machen, ihm zeigen, daß wir im Recht sind, daß wir ihm überlegen sind. Schweigend genießen wir dann unsern Groll und nähren ihn durch unser inneres Argumentieren und Schimpfen. Andere bemitleiden sich selbst, sie sagen sich in solchen Augenblicken der äußeren Stille vor, daß alles keinen Zweck habe, sinnlos sei, es lohne sich nicht, sich zu engagieren. Das wäre das Laster der acedia. Es gibt Menschen, die sich schweigend den nächsten Auftritt auf der Theaterbühne ihres Lebens vorstellen. Sie proben ihn im Blick auf die Zuschauer, denen sie ihre Rolle so vorspielen wollen, daß sie beklatscht werden. Schweigend denken sie sich Sätze aus, die man bewundern könnte, die die Aufmerksamkeit auf sich lenken. Oder aber sie bewundern sich selbst. Sie sagen sich ständig vor, wie bedeutend sie doch seien, wie die Welt froh sein müßte, daß es sie gebe, mit ihren Anlagen und Fähigkeiten, mit ihren Leistungen. Ihre Gedanken kreisen nur um sie selbst, um ihre Größe, ihre Einmaligkeit. Äußerlich schweigen wir, doch innerlich reden wir ununterbrochen. In uns reden die unbefriedigten Triebe, die ungestillten Bedürfnisse, in uns reden die nicht im Gleichgewicht gehaltenen Emotionen und Stimmungen, und in uns reden Eitelkeit und Ruhmsucht. Das äußere Schweigen sagt noch nichts aus, wie weit wir gelernt haben, innerlich zu schweigen.

Doch auf dieses innere Schweigen kommt es den Mönchen letztlich an. Und innerlich schweigen kann nur, wer die 8 Laster überwunden hat. Daher gehört zur Übung des Schweigens der Kampf gegen die Laster, der Kampf gegen die inneren Fehlhaltungen, gegen übertriebene Bedürfnisse und Wünsche, gegen das Chaos unbeherrschter Emotionen und gegen den Wahn, sich selbst immer in den Mittelpunkt zu stellen. Das Schweigen ist ein Mittel im Kampf gegen die inneren Fehlhaltungen. Es ist nicht ein passiver Verzicht auf Worte, sondern ein aktives Angehen gegen Emotionen und Aggressionen, die wir in uns spüren. Wie das Schweigen das Laster der Habsucht überwinden kann, zeigt ein Väterspruch:

Von ihm (Agathon) und dem Altvater Amun erzählte man: Wenn sie Ware verkauften, dann nannten sie einmal den Preis und nahmen, was man ihnen gab, mit Schweigen und in Ruhe. Ebenso, wenn sie etwas kaufen wollten, dann gaben sie das von ihnen Geforderte mit Schweigen und nahmen die Ware, ohne ein Wort zu sprechen (Apo 98).

Es ist hier nicht gesagt, daß die Mönche frei waren von der für einen Orientalen doch typischen Sucht, zu feilschen und zu handeln. Doch gerade weil sie um die innere Anfechtung wissen, legen sie sich ein Redeverbot auf. Das Schweigen verdrängt die Habsucht nicht, sondern unterdrückt sie, läßt sie nicht aufkommen. Schweigend kämpfen die Mönche mit ihrer Habsucht und ringen sie nieder.

Ähnlich ist es mit unseren Emotionen, die sich in uns immer wieder regen, gerade wenn andere uns ungerecht behandeln. Das Schweigen ist eine Hilfe, mit den Emotionen fertig zu werden. Vom Altvater Moses, einem ehemaligen Räuber, der wegen seiner schwarzen Hautfarbe oft Schmähungen ausgesetzt war, wird erzählt:

> Ein anderes Mal war wieder eine Versammlung in der Sketis und die Väter wollten ihn auf die Probe stellen und behandelten ihn wie ein Nichts, indem sie sagten: „Wozu kommt denn dieser Äthiopier in unsere Mitte?" Er hörte es schweigend an. Nach der Auflösung ihrer Versammlung sagten sie zu ihm: „Abbas, hast du dich da nicht aufgeregt?" Er antwortete: „Ja, ich war aufgeregt, aber ich verstand mich nicht zum Reden" (Ps 76,5). (Apo 497)

Er ist also noch nicht so weit, sich nicht aufzuregen, aber indem er schweigt, bekämpft er seine Aufregung. Er entgeht der Gefahr, durch unkontrolliertes Reden heillose Verwirrung zu stiften. Dieses Schweigen ist nicht ein In-sich-Hineinfressen, das dann zu unheilvollen Explosionen der angestauten Aggressionen führen kann, sondern es ist ein Mittel, gegen die innere Erregung anzugehen und sie zu heilen. Nur wenn das Schweigen auch zu einem inneren Schweigen führt, ist es fruchtbar. Ansonsten kann es leicht nur äußere Fassade sein, Schweigen des Stolzen, der sich besser vorkommt als die andern, oder Schweigen des Beleidigten, der sein Gekränktsein schweigend genießt. Im Schweigen, wie es die Mönche verstehen, geht es immer um einen inneren Kampf, um eine ehrliche Auseinandersetzung mit seinen eigenen Fehlhaltungen.

Das Schweigen ist ein Kampf mit den Lastern, aber es ist auch Zeichen des Sieges über sie. Nur wer seine inneren Fehlhaltungen überwunden hat, nur wer mit seinen Emotionen und Aggressionen umzugehen vermag, kann innerlich schweigen. Er ist dann frei von all den Gedanken, die uns durch den Kopf gehen, wenn wir unbeschäftigt sind: von den unaufgearbeiteten Problemen, unbefriedigten Bedürfnissen, unbewältigten Erlebnissen, maßlosen Wünschen und unberechenbaren Emotionen. Um dieses innere Schweigen geht es den Mönchen. Doch der Weg dorthin ist weit und kaum einer wird wohl in diesem Leben ganz ans Ziel kommen. Doch ansatzweise ist dieses Schweigen erfahrbar. Wenn wir lange genug gegen die Sucht gekämpft haben, immer an das Geld und den Gelderwerb zu denken, dann werden wir entdecken, daß wir beim Beten von solchen Gedanken auf einmal frei sind. Wir können ungehindert beten, wir können wirklich schweigen, weil das Laster der Habsucht überwunden ist. Doch solange wir mit unserer Habsucht nicht zurecht kommen, nützt uns die beste Entspannungsmethode nichts. Der Gedanke an das Geld würde sich doch immer wieder regen. Das Schweigen ist für die Mönche eben ein moralisches Problem, nur durch den Sieg über die Fehlhaltungen erreichbar und nicht durch Meditationstechniken oder Entspannungsübungen.

Für Cassian ist dieser Zustand des reinen Schweigens identisch mit der Reinheit des Herzens. Die Voraussetzung dafür ist die Demut, in der man nicht etwas erreichen will, weder Versenkungszustände noch absolute Stille, sondern in der man sich ganz Gott überläßt. Die Demut ist eine Reaktion auf die Erfahrung Gottes und der eigenen Schwäche und Ohnmacht vor Gott. Sie ist also letztlich Geschenk, von Menschen nicht mehr aus eigener Kraft erreichbar. Und so kann auch die Stille, in der all meine inneren Fehlhaltungen und übertriebenen Wünsche, meine Emotionen und Aggressionen zum Schweigen kommen, in der ich selbst verstumme, nur von Gott geschenkt werden. Ich kann mich in sie einüben, indem ich schweigend gegen meine Laster angehe und sie bekämpfe. Aber sie ist immer nur ein Ziel, auf das wir zwar zustreben, das uns aber nur hin und wieder als Geschenk Gottes erfahrbar werden kann.

4. Die rechte Rede

Benedikt sieht das Schweigen nicht getrennt vom Reden. Das Kapitel über die Schweigsamkeit könnte ebenso lauten: „Von der rechten Rede". Und im 7. Kap. spricht er nicht bloß vom Schweigen als Zeichen der Demut (9. und 10. Stufe), sondern auch, wie das Reden aussehen müßte, das aus der Demut kommt (11. Stufe):

Die neunte Stufe der Demut ist diese: Wenn der Mönch beim Reden die Zunge zügelt und die Schweigsamkeit bewahrt und nicht redet, bis er gefragt wird, da die Schrift zeigt, daß man „bei vielem Reden der Sünde nicht entgeht" (Spr 10, 19), und daß „der geschwätzige Mann keine Richtung auf der Erde hat" (Ps 139, 12).

Die zehnte Stufe der Demut ist diese: Wenn man zum Lachen nicht leicht bereit ist, weil geschrieben ist: „Der Tor erhebt im Lachen seine Stimme" (Sir 21, 23).

Die elfte Stufe der Demut ist diese: Wenn der Mönch beim Reden sanft und ohne Lachen, demütig mit Ernst und nur wenige und vernünftige Worte redet und nicht mit der Stimme lärmend ist, wie geschrieben ist: „Den Weisen erkennt man an wenigen Worten". (RB 7)

Schweigen und Reden sind keine Gegensätze, sondern ergänzen sich einander. Es käme darauf an, so zu sprechen, daß die Haltung des Schweigens nicht zerstört wird. Unser Sprechen ist ein Test, wie weit unser Schweigen echt ist. Wenn wir gelernt haben, innerlich zu schweigen, dann werden wir auch durch das Reden nicht aus dem Schweigen fallen. Wenn ich mich ins Schweigen zurückziehe, um jeder Auseinandersetzung aus dem Weg zu gehen, wenn ich mich im Schweigen selbst genieße, um mich selbst kreise, dann fühle ich mich gestört, wenn ich reden soll, und gebe dann nur mürrisch Antwort. Wenn ich schweigend Selbstgespräche geführt und meine Theaterrolle eingeübt habe, dann wird es im Reden aus mir hervorsprudeln ohne jede Schranke. Manche kontemplative Menschen scheinen einen Nachholbedarf im Sprechen zu haben, ein Zeichen, daß ihr Schweigen noch kein inneres Schweigen war. Sie reden oft unkontrollierter als einer, der von Berufs wegen viel sprechen muß und sich eine gewisse Disziplin im Reden angewöhnt hat. Wenn wir sprechen, dann soll all das, was im Schweigen gewachsen ist, nicht wieder ausgerissen werden, sondern redend sollten wir das innere Schweigen bewahren. Darauf kommt es Benedikt an: statt schweigend zu reden, sollten wir redend schweigen.

Benedikt gibt konkrete Anweisungen, wie ein Reden aussehen soll, das aus dem Schweigen wächst. Der Mönch soll in aller Demut sprechen (cum humilitate RB 6, 19; 61, 9; 65, 32), ernst und mit Würde (cum gravitate RB 7, 161; 42, 26), in Ehrfurcht (cum reverentia), vernünftig (rationabiliter RB 31, 12; 61, 9; 65, 32), in Liebe (cum caritate RB 61, 10), sich unterordnend (cum subjectione RB 3, 10; 6, 19), gütig (cum mansuetudine RB 66, 11), bescheiden (cum modestia RB 22, 18) und in der Furcht Gottes (cum timore Dei RB 66, 11).[8] Wenn wir ein paar Stellen betrachten, an denen Benedikt von der demütigen Rede spricht, wird deutlicher, was er damit meint. Im 3. Kap heißt es von den Brüdern, die bei der gemeinsamen Beratung einen Vorschlag machen:

Die Brüder sollen den Rat freilich mit aller Demut und Unterwürfigkeit geben und sich nicht herausnehmen, ihre Ansicht hartnäckig zu verteidigen. (RB 3)

Im Satz davor sagt Benedikt, der Abt solle alle zum Rat zusammenrufen, „weil der Herr oft einem Jüngeren enthüllt, was besser ist". Es geht also um ein Sprechen aus dem Hören auf den Geist. Wir sollen nicht unsere Meinung durchsetzen wollen, nicht uns aussprechen und uns redend in den Mittelpunkt stellen, sondern wir sollen das sagen, was der Geist uns eingibt. Wenn unser Reden aus dem Hören auf den Geist fließen würde, wäre es nicht so wichtigtuerisch und hartnäckig. Wir würden uns damit nicht produzieren, wir würden nur reden, wenn der Geist uns dazu drängt.

Mit Demut soll der Mönch ferner sprechen, wenn er einen Wunsch vorbringt oder etwas von den Oberen fordert (RB 6, 19; 65, 31). Man braucht seine Wünsche nicht zu verdrängen, man soll sie ruhig äußern, aber immer mit der Haltung des Loslassens. Ich darf etwas verlangen und wünschen, aber zugleich darf ich nicht darauf bestehen, sondern muß bereit sein, den Wunsch auch loszulassen. Vom Cellerar sagt Benedikt, er solle einen Bruder, der unvernünftige Forderungen stellt, nicht ablehnen und ihn so kränken, „sondern er schlage ihm die unvernünftige Bitte vernünftig und in Demut ab."

(RB 31, 11 f) Hier bedeutet das Sprechen mit Demut, daß ich den andern annehme, daß ich mit der Bitte nicht die Person ablehne, sondern Ehrfurcht habe vor dem andern. Demut und Ehrfurcht hängen bei Benedikt eng zusammen, und meist bringt er beide Begriffe, wenn er vom Reden zu einem Menschen spricht. In der Ehrfurcht lasse ich den andern sein, wie er ist. Ich will ihn mit meinem Reden nicht verändern, nicht mit Gewalt überzeugen, ihn nicht besiegen mit meinen Argumenten, sondern ich lasse ihn, ich achte ihn und wahre das Gespür für sein Geheimnis. Das gilt auch für die Kritik, die ich anzubringen habe. Auch sie soll ich in Demut vorbringen. So sagt Benedikt vom Gast, er solle, wenn er am Leben der Gemeinschaft etwas zu tadeln hat, es in aller Demut tun. (RB 61, 9) Er richtet nicht, sondern er weist hin auf Fehler. Die Demut bedeutet eine innere Freiheit, ich nehme mir die Freiheit, auf Mißstände aufmerksam zu machen, ohne mich als Richter aufzuspielen, ohne die andern dazu zu drängen, sich zu ändern. Ich lasse den andern die Freiheit, aus meinen Bemerkungen zu machen, was ihnen gut dünkt.

Ein paar Mal heißt es in der Regel, der Mönch solle vernünftig reden. Sowohl den Tadel (61, 19) wie eine Forderung (65, 32), wie eine Ablehnung (31, 12) soll er vernünftig vorbringen, d. h. ohne sich von seinen Emotionen leiten zu lassen. Es ist ein Sprechen, das sich nicht von den Projektionen verunreinigen läßt, sondern aus einer klaren Sicht der Dinge kommt, aus einer Sicht, die nicht durch eigene Interessen oder Stimmungen getrübt ist, sondern die Dinge sieht, wie sie sind. Zu diesem Sprechen kommt man über das Schweigen, in dem sich vieles in uns klären kann.

Vom Pförtner des Klosters heißt es:

Sobald einer geklopft oder ein Armer gerufen hat, antworte er: „Gott sei Dank“ oder „Sprich den Segen“ und er gebe in aller Freundlichkeit (Güte) der Furcht Gottes sogleich im Eifer der Liebe Bescheid.“ (RB 66, 8 ff).

Schweigen wäre hier eine Ablehnung des Gastes. Das freundliche Wort des Pförtners ist ein Liebesdienst am Fremden, es ist eine gute Gabe. Sprechen soll Ausdruck unserer Liebe und Güte zu den Menschen sein. Das kann es aber nur, wenn wir redend nicht uns selbst in den Mittelpunkt stellen, wenn wir im Reden uns den andern nicht vom Hals halten wollen, sondern wenn wir frei von aller Selbstsucht offen sind für den andern und seine Bedürfnisse. Dann wird das Wort zum Dienst der Liebe an dem, der auf ein Wort wartet, das ihn aufrichtet oder erheitert. Es mag verwundern, daß Benedikt in diesem Zusammenhang nicht bloß von Freundlichkeit spricht, sondern auch von der Furcht Gottes. In der Furcht des Herrn sprechen, das bedeutet ein Gespür für die Gegenwart Gottes im andern haben. Unser Umgang mit dem andern ist für Benedikt nicht ein rein zwischenmenschlicher Vorgang. Im andern begegnet uns Christus. Und so können wir den andern nur in der Furcht Gottes als den erkennen, der er ist. Der Pförtner soll daher Gott danken, wenn ein Armer oder ein Gast kommt. „Gott sei Dank“, „Preis dem Herrn“, das ist für Benedikt keine leere Formel, sondern Ausdruck, daß Gott mir den andern schickt und Christus mir in ihm begegnet.

Benedikts Anweisungen für die rechte Rede zeigen, daß Schweigen und Reden zusammengehören. Wer das echte Schweigen gelernt hat, vermag auch richtig zu sprechen. Er fällt im Sprechen nicht aus der Sammlung und aus der Offenheit für Gottes Gegenwart, in die ihn das Schweigen einüben soll. Im Sprechen hält er diese Offenheit durch und gibt ihr Ausdruck, damit auch die andern daran teil haben können. Es geht Benedikt nicht um äußeres Schweigen, sondern um die innere Haltung des Schweigens, um die Schweigsamkeit als Gespür für Gottes Gegenwart und als gesammeltes Ruhen in Gott. Wenn einer im Glauben an Gottes Gegenwart spricht, dann unterbricht das Reden nicht sein Schweigen, sondern wächst aus ihm, es zerstört das Schweigen nicht, sondern teilt es auch den andern mit.

II. SCHWEIGEN ALS LOSLASSEN

Man kann das Schweigen von verschiedenen Gesichtspunkten aus betrachten, als passives Nichtreden, als innere Haltung der Sammlung, als Kampf gegen Fehlhaltungen und als ein positives Tun, als den Akt des Loslassens. Schweigen als aktives Tun besteht nicht darin, daß wir nicht mehr reden und denken, sondern daß wir unsere Gedanken und unser Reden immer wieder loslassen. Ob einer schweigen kann, das zeigt sich nicht an der Menge seiner Worte, sondern an der Fähigkeit loszulassen. Manchmal verweigert sogar einer, der äußerlich schweigt, dieses Loslassen, um das es im Schweigen eigentlich geht. Er zieht sich auf sein Schweigen zurück, um unangreifbar zu sein oder um dem Kampf des Lebens auszuweichen, um an sich und seinem Idealbild von sich festhalten zu können. Für manche ist das Schweigen eine Regression, ein Rückzug in die Verantwortungslosigkeit des Mutterschoßes. Diese Gefahr besteht vor allem für junge Menschen, die zu früh sich dem Schweigen als dem alleinigen Weg verschreiben wollen. Sie möchten sich im Schweigen weiter geborgen fühlen, sie weigern sich, sich vom Kampf des Lebens ihre Traumbilder zerstören zu lassen. So wird das Schweigen zu einem hartnäckigen Festhalten an sich selbst. Wer redet, setzt sich immer den andern aus, er bietet eine Angriffsfläche, seine Worte können kritisiert, lächerlich gemacht werden. Er kann sich mit seinen Worten blamieren. Manch einer schweigt aus innerem Stolz heraus, um sich in seinen Worten keine Blöße zu geben. Er kann sich und das Bild seiner Vollkommenheit nicht loslassen. Es wäre besser für ihn, wenn er das Risiko einginge, sich im Sprechen auch einmal zu blamieren.

Wenn ich entdecke, wie komisch ich dahergeredet habe, und wenn ich Gott dafür danken kann, daß ich mich mit meinem Reden blamiert habe, dann lasse ich mich wirklich los. Dann halte ich nicht an dem erbaulichen Bild fest, das sich die andern von mir machen sollten, ich danke Gott mit den Worten des Psalms: „Gut ist es für mich, daß du mich gebeugt hast, damit ich deine Gesetze lerne." (Ps 119, 71) Ich mache mir dann keine Gedanken, wie ich besser und erbaulicher hätte reden können, sondern lasse mich und meine Idealbilder von mir los, um mich ganz Gott zu überlassen. Um dieses Loslassen geht es letztlich im Schweigen.

1. Die Methode des Loslassens

Wenn im Schweigen alle möglichen Gedanken und Gefühle in mir auftauchen, so kann ich mit ihnen solange kämpfen, mich mit ihnen solange auseinandersetzen, bis sie zur Ruhe kommen. Das ist die eine Methode. Die andere Methode besteht darin, die Gedanken und Gefühle nicht so wichtig zu nehmen und sie einfach loszulassen. Loslassen meint nicht, daß ich sie unterdrücke, daß ich mich also anstrenge, sie aus mir zu vertreiben, damit ich endlich Ruhe habe. Ich schaue vielmehr den Gedanken oder das Gefühl an und lasse es los, nehme es nicht so wichtig. Der Gedanke ist da, aber er soll mich nicht beschäftigen. Wenn er im nächsten Augenblick wieder kommt, dann ärgere ich mich nicht, daß das Loslassen keinen Erfolg hatte, sondern ich lasse ihn wieder los. Die Gedanken kommen und gehen, sie besetzen mich nicht. Ich habe keine Angst vor ihnen, stehe nicht unter dem Leistungsdruck, sie loswerden zu müssen, sondern ich gehe mit ihnen gelassen um, ich lasse sie kommen und gehen, bis sie immer weniger kommen, bis ich allmählich davon freiwerde. Selbst wenn ich das Gefühl habe, die Gedanken tauchen immer wieder auf und halten mich besetzt, brauche ich nicht zu resignieren. Ich muß sie zuerst annehmen: Das ist mein Problem, diese Gedanken sind ein Teil von mir, sie zeigen, wer ich bin. Und ich kann mit ihnen leben, selbst wenn ich mich mein ganzes Leben damit herumschlagen muß. Ich brauche Gott nicht vorzuweisen, daß ich sie besiegt habe oder von ihnen frei geworden bin. Wenn ich die Gedanken so annehme, dann kann ich sie auch loslassen. Dann lasse ich mich von ihnen nicht in Beschlag nehmen und auch nicht in den Druck versetzen, sie doch endlich loszuhaben. Dieser Druck ist nur eine andere Weise, von den Gedanken beherrscht zu werden. Wenn ich darauf vertraue, daß ich von Gott angenommen bin mit all den Gedanken, die mich quälen und bedrängen, dann werde ich frei von diesem Druck und dann lasse ich letztlich die Gedanken los. Auch wenn sie wiederkommen, ängstigen sie mich nicht und besetzen mich nicht mehr. Sie kommen und gehen, ich selbst aber bleibe innerlich frei, innerlich still und ruhig.

Das ist die Methode. Doch was soll ich nun loslassen? Zunächst geht es darum, innere Spannungen loszulassen. Gedanken und Gefühle sind ja nicht schlecht und es besteht kein Grund, sie immer loszulassen. Doch Gedanken und Gefühle können in uns Spannungen erzeugen. Sie halten uns besetzt. Wir sind fixiert, beherrscht von den immer gleichen Gedanken und Gefühlen. Solange die Gedanken uns in dieser Spannung halten, sind wir unfähig, fruchtbar mit ihnen umzugehen. Und so müssen wir erst versuchen, die Spannung in uns loszulassen. Spannungen in unserm Innern äußern sich immer auch körperlich. Wir brauchen uns nur einmal zu beobachten, wie wir dasitzen, wie wir stehen und gehen, wie wir arbeiten, dann werden wir entdecken, wie oft wir in einer inneren Spannung stehen. Unsere Schultern sind verspannt, unsere Gesichtszüge, unsere Hände, unser Atem geht stockend. Wir können versuchen, diese Spannung mit verschiedenen Methoden loszulassen.

Die erste Methode setzt beim Körper an. Man versucht, sich in seinem Leib loszulassen, in den Muskeln, vor allem in den Muskeln der Schulter, des Rückens, aber auch des Gesichts und des Halses. An diesen Stellen setzen sich unsere inneren Spannungen gerne fest. Wir können versuchen, uns diese Spannungen bewußt zu machen und den Ausatem dorthin zu lenken, so daß sich beim Ausatmen die Spannungen lösen. Ausatmend lassen wir die verkrampfte Schulter, den verspannten Rücken los. Doch dieses Loslassen hat nur Sinn, wenn wir mit unserem Leib auch die innere Spannung loslassen, selbst wenn wir sie nicht benennen können. Sobald wir uns körperlich loslassen, spüren wir dann, wie wir innerlich freier werden. Im Körper lassen wir uns selbst los mit unseren Spannungen. Es ist also eine innere Haltung des Loslassens verlangt. Wer die körperliche Entspannung als Technik verwenden will, endlich die unangenehmen Spannungen loszuwerden, ohne daß er seine innere Haltung ändern will, dem nützt es nichts. Er würde bloß Symptombehandlung treiben.

Die 2. Methode setzt bei den Ursachen der Spannungen an. Sie fragt, wo sind meine übertriebenen Ansprüche und Wünsche, wo setzen mich meine unbefriedigten Bedürfnisse in Spannung, wo lasse ich mich von den Sorgen in eine ungute Spannung bringen? Ich gehe also das geistige Problem an, das die Spannung erzeugt und versuche dann, den übertriebenen Anspruch, die ängstliche Sorge loszulassen. Aber das gelingt nicht mit einem Willensakt. Ich kann nicht mit zusammengebissenen Zähnen loslassen, sondern nur, wenn ich etwas aus den Händen gebe. Ich darf nicht die Zähne zusammenbeißen, sondern muß die Hände auftun. Ich darf das Problem nicht lösen wollen, mich da nicht durchbeißen wollen, sondern ich muß die übertriebenen Sorgen und Ansprüche weggeben, sie mir nehmen lassen. Ich werde ärmer, wenn ich loslasse. Ich muß ein Stück von mir selbst loslassen, preisgeben.

Häufig sind unsere Spannungen von irgendwelchen Ängsten verursacht. Wir haben Angst vor unsern Schwächen und sichern uns dagegen ab durch ein System von Vorschriften, die wir peinlich genau befolgen. Oder wir bauen uns ein Gebäude aus hohen Idealen auf, mit dem wir uns den Blick in den eigenen Abgrund verstellen wollen. Wir leben dann ständig in der ängstlichen Spannung, doch einmal auf unsere Schwächen zu stoßen. Oft verstecken sich diese Absicherungsversuche hinter frommen und erbaulichen Vorstellungen. Doch wenn wir entdecken, daß wir unsere Ideale mit einer gewissen Ängstlichkeit hüten und ängstlich an bestimmten äußeren Formen hängen, ist es immer ein Zeichen, daß wir hier unter einer Spannung stehen, von der wir uns freimachen sollten. Eine Hilfe, von solchen Spannungen frei zu werden, ist das Vertrauen, daß ich in Gott geborgen bin, daß ich mich in seine Arme hineinfallen lassen kann, weil mich nicht strafende, sondern liebende Arme erwarten. Sich in Gott hineinloslassen hat etwas mit Liebe zu tun. Ich lasse es mir gefallen, daß Gott mich liebt und ich vertraue darauf. Ich lasse meine Absicherungen los, mit denen ich mich selbst gegen Gott absichern will und lasse Gott an mich heran. Das ist keine asketische Leistung, die ich Gott vorweisen könnte. Ich verzichte auf alle geistlichen Erfolge und überlasse mich, so wie ich bin, mit all den mich bedrängenden Gedanken Gott. Er darf nun die Führung übernehmen in mir, er darf nun zu meinem Besten handeln und er darf seine Liebe zu mir nun auch zeigen.

Es geht im Schweigen letztlich um einen inneren Thronwechsel. Nicht mehr ich selbst soll auf dem Thron sitzen, nicht mehr ich soll planen, wie mir meine frommen Übungen und meine religiösen Ideale einen Zuwachs an geistlichem Reichtum vermitteln können, sondern Christus soll in mir herrschen. Nicht ich und meine geistlichen Bedürfnisse stehen dann im Mittelpunkt, sondern Christus, dem ich mich überlasse, indem ich mich selbst im Schweigen loslasse, indem ich das Heft aus der Hand gebe und Christus an und mit mir handeln lasse. Ich nehme mich selbst nicht mehr so wichtig, ich gebe es auf, mich an mir festzuklammern und an meinem eigenen Denkmal zu bauen oder an meinem Idealbild zu malen. Mein Ideal ist mir nicht mehr wichtig. Wichtig ist nur noch, daß der Geist Gottes in mir wirken kann.

Wie das Sichselbstloslassen konkret aussieht, das haben die Brüder von Taizé in ihrer Einführung in die Retraite treffend beschrieben. Sie stellen dort Regeln für das Schweigen auf. Ich lasse mich selbst los, wenn ich erst einmal meine Neugier loslasse, wenn ich nicht meine, überall mitreden zu müssen, alles wissen zu müssen. Dann nennen die Brüder verschiedene Bereiche in mir, die zum Schweigen kommen müssen:

SCHWEIGEN DER PHANTASIE
Die Gefühlsregungen, die Traurigkeiten kommen zum Schweigen; die eitle Geschäftigkeit der Gedanken kommt zum Schweigen.

SCHWEIGEN DES GEDÄCHTNISSES
Das Vergangene, die vergeblichen Klagen, die Bitterkeiten kommen zum Schweigen. Sich nur an die Erweise von Gottes Barmherzigkeit erinnern.

SCHWEIGEN DES HERZENS
Die Wünsche kommen zum Schweigen, die Antipathien kommen zum Schweigen, die Liebe kommt zum Schweigen in allem, was an ihr übertrieben ist.

SCHWEIGEN DER EIGENLIEBE
Der Blick auf die eigene Sünde, auf die eigene Unfähigkeit kommt zum Schweigen. Das Selbstlob kommt zum Schweigen. Das ganze menschliche Ich kommt zum Schweigen.

SCHWEIGEN DES GEISTES
Die unnützen Gedanken zum Schweigen bringen. Die spitzfindigen Überlegungen, die den Willen schwächen und die Liebe eintrocknen lassen, zum Schweigen bringen. Alles eigene Suchen und Streben zum Schweigen bringen.

SCHWEIGEN DES RICHTGEISTES
Schweigen im Blick auf andere Menschen: nicht richten.

SCHWEIGEN DES WILLENS
Die Ängste des Herzens, die Schmerzen der Seele zum Schweigen bringen. Die Verlassenheitsgefühle zum Schweigen bringen.

SCHWEIGEN MIT SICH SELBST
Nicht auf sich selbst hören, sich nicht beklagen und nicht trösten, mit sich selbst schweigen, sich vergessen, sich von sich selbst lösen.[9]

Wer diese Schweigeregeln zu praktizieren versucht, der spürt, welch hoher Anspruch darin steckt. Wer so schweigen will, der muß sich selbst loslassen. Und er wird erfahren, daß sich dagegen vieles in uns wehrt, weil wir von Natur aus an uns festhalten wollen und Gott lieber als Instrument unserer Vollkommenheit benutzen, anstatt uns in unserer Unvollkommenheit ihm zu überlassen. Wir nehmen uns, unsere Gedanken und Gefühle, unsere Sorgen und Probleme viel zu wichtig, als daß wir Gott so hautnah an uns heranlassen würden, daß nur noch Er wichtig ist.

Was die Brüder von Taizé hier vom Religiösen her beschreiben, ist für die Psychologie ein Gesetz menschlichen Wachsens und Reifens. Wir müssen ständig unsere Vergangenheit loslassen, um offen zu sein für die Zukunft. Wer ewig an seiner Kindheit hängt, wird nie erwachsen. Er kommt nicht vom Rockzipfel seiner Mutter los, wie man im Volksmund sagt. Vergangenheit loslassen heißt, innere Haltungen loslassen. Ich kann mich nicht ewig an Menschen klammern, weder an die Eltern noch an Schulkameraden oder Freunde. Ich kann mich nicht an Orte klammern, an die Heimat, an die Orte, die mir vertraut geworden sind. Immer wieder muß ich Gewohnheiten und Vertrautes loslassen, um gegenwärtig sein zu können, um für Neues offen zu sein.

Ein wichtiger Aspekt am Loslassen der Vergangenheit liegt darin, daß ich meine Verbitterungen loslasse. Es gibt Menschen, die die Wunden der Vergangenheit ständig mit sich tragen und sie nicht heilen lassen, sie fühlen sich gekränkt, weil sie in der Erziehung nicht bekommen haben, was sie wollten, Zuwendung, Liebe, Zärtlichkeit, weil sie von Menschen enttäuscht wurden. Sie brauchen die Erinnerung an diese Wunden, um an ihrer Verbitterung festhalten zu können. Sie können den Menschen nicht verzeihen, die sie verletzt haben, und sie können Gott nicht verzeihen, der ihnen diese Vergangenheit zugemutet hat. Gerade hier kommt es darauf an, seine Verbitterungen loszulassen. Denn sie verschließen uns den Zugang zu Gott. Es geht im Loslassen um ein Sichöffnen Gott gegenüber. Ich muß mich loslassen, damit Gott mit mir etwas tun kann. Ich muß aufhören, mich an mich zu klammern, ich muß meine Hände auftun, meine Selbstbehauptung aufgeben, mich selbst hergeben, damit Gott Zutritt hat zu mir und so an mir handeln kann.

2. Schweigen als Sterben

Die monastische Überlieferung kennt den Begriff des Loslassens nicht. Sie beschreibt das, was mit diesem modernen Begriff gemeint ist, mit zwei anderen Bildern, mit dem Bild des Sterbens und dem der Pilgerschaft. Im Schweigen übt der Mönch das Sterben des alten Menschen ein. Er wird für die Welt ein Toter, um für Gott zu leben.

Ein Bruder kam zum Altvater Makarios, dem Ägypter, und sagte zu ihm: „Vater, sage mir ein Wort! Wie kann ich das Heil erlangen?" Der Greis belehrte ihn: „Gehe hin zum Grabmal und höhne die Toten." Der Bruder ging also hin, verhöhnte und warf mit Steinen. Dann kam er zurück und berichtete dem Greis. Der fragte: „Haben sie dir nichts gesagt?" Er antwortete: „Nein." Da sprach der Greis zu ihm: „Gehe morgen wieder hin und lobe sie!" Der Bruder ging hin und lobte sie und sprach: „Apostel, Heilige, Gerechte!" Und er kam zum Greis und berichtete: „Ich habe sie gelobt!" Und er fragt ihn: „Haben sie nichts geantwortet?" Der Bruder antwortete: „Nein!"

Da belehrte ihn der Greis: „Du weißt, wie sehr du sie geschmäht hast, und sie antworteten dir nicht – und wieviel du sie gelobt hast, und sie haben nichts zu dir gesagt. So mußt auch du sein, wenn du das Heil erlangen willst. Werde ein Leichnam, beachte weder das Unrecht der Menschen, noch ihr Lob – wie die Toten, und du wirst gerettet werden!" (Apo 476)

Der Mönch soll sich unabhängig von der Anerkennung der Menschen machen. Nicht Lob und Tadel sollen ihm etwas bedeuten, sondern allein Gott. Da aber in jedem der Trieb steckt, von den Menschen anerkannt zu werden, wird die Freiheit von Lob und Tadel hier mit dem Bild des Totseins beschrieben.

Einmal kamen Priester in die Klöster, wo Abbas Poimen war, und der Abbas Anub ging hinein und sagte zu ihm: „Laß uns heute die hiesigen Priester zusammenrufen." Poimen stand lange da, ohne eine Antwort zu geben; und betrübt ging er weg. Die nahe bei ihm saßen, sagten zu ihm: „Abbas, warum hast du ihm keine Antwort gegeben?" Abbas Poimen antwortete: „Ich habe keinen Anlaß; denn ich bin tot, und ein Leichnam redet nicht!" (Apo 577)

Im Schweigen wird der Mönch tot für die Welt. Die Welt ist für ihn nicht mehr wichtig. Er wird nicht gefühllos wie ein Toter, sondern er läßt die Welt so radikal los, daß er tot wird für sie, um allein von Gott her zu leben. Wem dieses innere Sterben gelungen ist, der kann dann mitten in der Welt leben, ohne von ihr beherrscht zu werden. Er lebt in der Welt und doch nicht von der Welt. Sein Grund, aus dem er lebt, ist Gott.

In einem andern Väterspruch heißt es:

Ein Bruder fragte den Altvater Moses: „Ich sehe eine Aufgabe vor mir und kann sie nicht erfüllen." Da sagte ihm der Alte: „Wenn du nicht ein Leichnam wirst wie die Begrabenen, kannst du sie nicht bewältigen." (Apo 505)

Es gibt in allen Religionen die Übung, seinen eigenen Tod vorauszumeditieren. Benedikt fordert in der Regel, daß wir uns täglich den Tod vor Augen halten sollen. (RB 4, 55) Wir sollen innerlich sterben, um dem wahren Leben in uns Raum zu geben. Wenn wir uns vorstellen, wir würden 3 Tage im Grabe liegen, was würden wir da alles im Grabe zurücklassen? Alles, was an uns tot ist, sinnloser Ballast, Besitz, den wir mitschleppen, Meinungen, an denen wir festhalten, Rollen, die wir spielen, Masken, die wir tragen, all das würde von uns abfallen. Und wir könnten als neue Menschen aus dem Grab erstehen. Die Maßstäbe für echtes Leben würden in unserem Grabe zurechtgerückt. Die Vorstellung, im Grab zu liegen, ist also nicht etwas, das unsere Vitalität abschneiden oder einengen wollte. Im Gegenteil sie ist eine Hilfe, daß das wahre Leben in uns sich entfalten kann. Das Unechte, alles, was uns am echten Leben hindert, soll abfallen. Im Väterspruch wird als Ziel der Übung des im Grabeliegens die Befähigung genannt, eine Aufgabe bewältigen zu können. Das Sterben will uns zum Leben befähigen. Es ist keine Flucht vor dem Kampf, den das Leben von uns fordert, sondern es ist eine Hilfe, das wahre Leben zu gewinnen, die Auferstehung Christi an sich mitten in seinen Aufgaben, mitten in seinem Alltag zu erfahren.

3. Schweigen als Pilgerschaft

Ein anderes beliebtes Bild, mit dem das Wesen des Schweigens von den Mönchen beschrieben wird, ist das der peregrinatio, der Pilgerschaft. Ein Apophthegma identifiziert Pilgerschaft und Schweigen: peregrinatio est tacere. Und in einem andern heißt es:

Wenn du nicht Herr über deine Zunge wirst, bist du kein Fremdling, wohin du auch gehst. Beherrsche also deine Zunge, und du bist ein Fremdling. (Apo 449)

Und in einem andern Väterspruch wird auf die Frage, was Fremdlingschaft sei, geantwortet:

Schweige und sprich an jedem Ort, wohin du kommst; das geht mich nichts an: das ist das Leben in der Fremde. (Apo 776)

Und Abbas Tithoe sagt:

Pilgerschaft heißt: daß der Mönch Gewalt habe über seinen Mund. (Apo 911)

Im Schweigen wandert der Mönch aus aus dieser Welt. Er verzichtet darauf, überall seinen Kommentar dazuzugeben. Im Reden greife ich in das Geschehen der Welt ein, werde aktiv, kommentiere, kritisiere oder lenke es in eine bestimmte Richtung, indem ich anordne und befehle. Im Schweigen läßt der Mönch die Welt los. Er verzichtet darauf, sie zu verändern, sie zu verbessern. Denn die Gestalt dieser Welt vergeht. Er maßt sich nicht an, sie zu beurteilen, weil er sie von Gott gelenkt weiß. So läßt er die Welt Welt sein und geht seinen Weg zu Gott durch die Welt wie durch fremdes Land, in dem er sich nicht niederlassen darf. Der Pilger darf sich nicht häuslich einrichten. Er muß weiter wandern. So ist auch das Schweigen Verzicht auf ein wohnliches Sichausruhen, Verzicht auf die Geborgenheit im Wort. Im Schweigen wandert man aus aus der Wohnung des Wortes. Ambrosius sagt vom menschlichen Wort, daß es Wohnung, Haus, Geborgenheit bedeutet.

Domus mentis prolativum verbum est. Mens in sermonibus habitat.[10]
(Das Haus des Geistes ist das gesprochene Wort. Der Geist wohnt im Sprechen.)

Im Wort wohnt der Mensch in dieser Welt. Das Wort zeigt, daß er dazugehört. Es schafft Kommunikation mit der Welt. Wir brauchen nur einmal auf die Bedeutung des Radios für alte einsame Menschen zu achten. Indem ein einsamer Mensch das Wort aus dem Radio hört, fühlt er sich verbunden mit der Welt. Das Wort ist seine Weise der Kommunikation mit der Welt. Der Mönch verzichtet auf das Wort, auf die Geborgenheit in der Welt. Er geht einen inneren Weg. Er wird der Welt fremd, um auf Gott hin zu wandern. Das verlangt ein ständiges Loslassen aller Bindungen, mit denen ihn die Welt festhalten will.

Cassian, der erste bedeutende Mönchsschriftsteller im Westen, erklärt das Wesen der peregrinatio in seiner Interpretation von Gen 12, 1. Dort ist von einem dreifachen Auszug die Rede: vom Auszug aus der Heimat, aus der Verwandtschaft und aus dem Vaterhaus.[11] Auszug aus der Heimat bedeutet für Cassian den Verzicht auf alle Güter dieser Welt, das Loslassen aller Bindungen an diese Welt. Wer die Welt läßt, der besitzt nichts mehr, er wird arm. Im Schweigen läßt der Mensch den Reichtum des Wortes los. Er hat nichts, womit er glänzen und Eindruck machen kann. Er kann nichts vorweisen, keine gekonnten Formulierungen, keine weisen Gedanken. Er wird innerlich arm, arm im Geiste. Das bezieht sich nicht bloß auf das Sprechen, sondern auch auf die Gedanken. Schweigen bedeutet nicht, sich in den Weiten seiner Phantasie zu ergehen, sondern auch arm an Gedanken zu werden, sich mit wenigen Gedanken zu begnügen, die einen in die Sammlung führen. Die ruminatio, das Wiederkäuen von Worten aus der Schrift beschränkt sich bei manchen Altvätern auf einen einzigen Psalmvers. Und sie verstehen es als Armut im Geiste, von einem einzigen Schriftwort her zu leben und sich von ihm innerlich ganz einfach machen zu lassen.

Auszug aus der Verwandtschaft ist für Cassian Auszug aus dem früheren Lebenswandel, aus unseren Gewohnheiten und Lastern, die uns von Geburt an anhängen und uns innerlich so eingeschmolzen sind, daß sie uns gleichsam blutsverwandt sind. Dieser Auszug schließt mit dem Verzicht auf das vergangene Leben auch den Verzicht auf die Gefühle und Affekte der Vergangenheit ein. Wir sollen uns von dem trennen, was unser Herz in Beschlag nahm. Cassian verwehrt uns hier die Regression, das sich Zurückziehen auf vergangene Stadien, die Flucht vor der Realität der Gegenwart in die schönere Vergangenheit, in der man noch umsorgt war, in der man Erfolge vorweisen konnte. Schweigen als Auszug aus der Verwandtschaft meint also ein Loslassen der Erinnerungen. Man soll sich und seine Vergangenheit nicht so wichtig nehmen. Man soll nicht vor dem gegenwärtigen Gott mit seiner Phantasie in seine Vergangenheit flüchten, um sich dort wohl zu fühlen. Es gibt Menschen, die kehren immer wieder in ihre Vergangenheit zurück, sie versuchen, ständig schöne Erlebnisse noch einmal zu durchleben. Sie können sie nicht loslassen, sie wollen sie wie einen Besitz behalten, auf dem sie sich ausruhen möchten. Schweigen verlangt ein Loslassen der eigenen Vergangenheit und ein sich Einlassen auf die Realität der Gegenwart, letztlich auf den gegenwärtigen Gott, dem man nicht im Ausschmücken vergangener Erfahrungen, sondern nur im Aushalten der Gegenwart als dem wirklichen Gott begegnen kann.

Den Auszug aus dem Vaterhaus interpretiert Cassian als Vergessen jeder Erinnerung an diese Welt, als Absage an das Sichtbare und Vergängliche und als Hinwendung zum Unsichtbaren, zum Ewigen und Zukünftigen. Cassian zitiert in diesem Zusammenhang Phil 3, 20: Unser Heimatrecht ist im Himmel. Man soll durch die Welt wandern, ohne sich niederzulassen, weil man seine Heimat im Himmel hat und von daher sein Leben hier als Leben in der Fremde versteht und durchhalten will. Das Schweigen ist somit das Durchhalten der Fremdheit in dieser Welt. Wer schweigt, bleibt einem fremd. Er wird nicht vertraut mit den Menschen seiner Umgebung, mit der Welt. Und so verstehen die Mönche das Schweigen gerade als Verzicht auf Vertraulichkeit. In einem Väterspruch heißt es:

Ich möchte mit den Brüdern wohnen, sage mir, wie ich mit ihnen leben soll. Der Altvater erklärte ihm: „Wie am ersten Tage, wenn du zu ihnen kommst, so bewahre die Haltung des Fremdlings alle Tage deines Lebens, damit du nicht zu vertraulich mit ihnen wirst.“ (Apo 83)

So ist das Schweigen als Heimatlosigkeit und Verzicht auf Vertraulichkeit ein bewußtes Gehen in die Einsamkeit. Die Pilgermönche suchten ganz bewußt das Incognito, das Unbekanntbleiben. Häufig werden sie verkannt, sie leben mit Absicht außerhalb jeder Gemeinschaft und damit außerhalb des Schutzes durch das Gesetz. Sie haben sich von jeder Gemeinschaft gelöst, von allen Bindungen an ihr Volk, an ihre Familie, an die Menschen überhaupt, um vollständig mit der Welt zu brechen, um allein für Gott zu leben, sibi solique Deo.

Bilder darf man nicht pressen. Die Bilder vom Sterben und von der Pilgerschaft drücken einen wesentlichen Aspekt des Schweigens aus. Im

Schweigen macht sich der Mönch frei von dieser Welt, um offen zu werden für Gott. Sobald man das Bild jedoch preßt, entstehen radikale Weltverneinung und Weltflucht, die mehr neuplatonischen als christlichen Ursprungs wären. Die Bilder vom Sterben und Auswandern gelten jedoch nicht bloß für die Asketen der Wüste, sie gelten auch für uns. Wir müssen irgendwie die Welt übersteigen, transzendieren, wir müssen aus ihr auswandern und uns wandernd von einer andern Stimme führen und rufen lassen, wir müssen für die Welt tot sein, um von Gott her und für Gott zu leben. Diese Haltung würde uns zu einer inneren Freiheit und Gelassenheit führen, nicht zu Weltverachtung und Welthaß, sondern zu einer gelassenen Liebe allen Dingen gegenüber und zu einem Verankertsein in Gott mitten in unsern weltlichen Aufgaben.

4. Schweigen als Freiheit und Gelassenheit

Das Schweigen als Loslassen, als Sterben und Auswandern aus dieser Welt macht uns innerlich frei. Wir hängen an nichts mehr außer an Gott. Das wäre gerade für unsere alltägliche Arbeit und für unsern Umgang mit den Menschen wichtig. Wenn wir aus dieser Freiheit Dingen und Menschen gegenüber arbeiten würden, ständen wir nicht unter dauernden Spannungen. Wir könnten sachlicher arbeiten, weil wir unsere eigenen Bedürfnisse und Wünsche nicht ständig mit den Dingen vermischten, und wir könnten mehr arbeiten, weil wir nicht unnötige Energie in nebensächliche Dinge wie Anerkennung und Lob investieren würden. Bei seinem Aufenthalt im Trappistenkloster arbeitete H. Nouwen mit den Mönchen in den verschiedenen Werkstätten.

Er merkt, wie ihn die Arbeit erschöpft. Er ärgert sich darüber. Doch als er es in sein Tagebuch schreibt, da entdeckt er auf einmal die Ursache seiner Erschöpfung:

Ich glaube, meine Erschöpfung ist im Grunde nicht so sehr eine Folge der Art von Arbeit, die ich verrichte, sondern vielmehr der unguten Spannungen, die ich mit der Arbeit verbinde. Ich müßte ganz einfach still den Tag verleben und mich zwanglos der Tagesordnung und den kleinen Anweisungen überlassen, die ich jeweils auf einem Zettel an die Tür meines Faches gesteckt finde.[12]

Wenn er seine Wünsche aufgeben könnte, nur angenehme Arbeiten zu verrichten, wenn er sich einfach der Arbeit überließe, dann würde sie ihn nicht überfordern. Aber auch bei Arbeiten, die ihm liegen, überfordert er sich, weil er zu sehr darauf bedacht ist, sie besonders gut zu machen und bei den Menschen anzukommen. Als Nouwen mit John Eudes, dem Abt des Klosters, über seine Ermüdung spricht, die er immer dann verspürt, wenn er sich auf Menschen einläßt, etwa bei einem Kurs, bei Exerzitien, da erkennt er selbst:

Ich stecke zuviel Energie in jede Begegnung, gleichsam als hätte ich jedesmal von neuem zu beweisen, daß ich es wert bin, daß sich der andere auf mich einläßt. „Sie setzen Ihre ganze Identität aufs Spiel und fangen jedesmal wieder am Nullpunkt an", meinte John Eudes. „Da werden Gebet und Meditation sehr wichtig; denn darin finden Sie Ihre tiefste Identität und das bewahrt sie davor, jedesmal, wenn Sie mit anderen Menschen zusammenarbeiten, Ihr ganzes Wesen aufs Spiel zu setzen." Er sagte mir auch, es sei erwiesen, daß Menschen, die regelmäßig meditieren, weniger Schlaf brauchen. Sie sind in größerem Maß mit sich selbst eins und gebrauchen nicht andere in ihrem Kampf um Identität."[13]

Wer gelernt hat, mitten im Tun sich selbst und seine Ansprüche loszulassen, der kann seine

Arbeit gelassen tun, ohne innere Spannungen. Er ist aus der Welt ausgewandert und steht allein im Dienst Gottes. Er tut seine Arbeit nicht um seiner selbst willen, sondern um des Werkes willen, um Gottes willen. Er ist frei, sachgerecht und sachlich zu arbeiten, ohne ständig seine Emotionen hineinzubringen. Wer sich selbst in seinem Tun und Reden und Denken losläßt, erfährt eine innere Freiheit, in der er sich auf Gott hin öffnen kann und sich von Gott in Dienst nehmen läßt.

Das Schweigen als Loslassen, als Sterben und Auswandern bezieht sich nicht bloß auf das Reden, sondern auf all unser Tun. Es prägt unser ganzes Leben und könnte es echter, freier und menschlicher machen, weil es uns all das nimmt, was unser eigentliches Wesen verstellt, was unsern Kern in uns zu ersticken droht und uns von der Verwirklichung des Bildes abhält, das Gott in uns hineingelegt hat. Das Ziel des Schweigens ist es, uns für Gott offener zu machen, so daß in unsere Lebensvollzüge, in unser Denken und Tun Gottes Geist einströmen könnte. Das Schweigen sollte uns durchlässig machen für Gottes Geist, so daß Gott in uns die Führung übernehmen könnte. Nicht wir mit unserer egoistischen Enge bestimmen unser Leben, sondern Gottes Geist selbst, dem wir uns schweigend überlassen und anvertrauen.

III. SCHWEIGEN ALS OFFENHEIT FÜR GOTT

1. Schweigen als Hören

Benedikt spricht im 6. Kapitel nicht von silentium, das mehr die Praxis des Schweigens bedeutet, sondern von taciturnitas und meint damit einmal die Haltung des Schweigens, zum andern eine Atmosphäre der Sammlung, die in seinem Kloster herrschen soll. Dieser Raum der Sammlung ist der Ort, an dem der Mönch auf Gott hin offen ist, an dem er auf Gottes Wort in Schrift und Liturgie hören und an dem er in der Gegenwart Gottes leben kann. Benedikt beschreibt hier mehr eine Atmosphäre als eine Technik des Schweigens. Es ist eine Atmosphäre der Offenheit für Gottes Geist. Benedikt setzt die beiden Worte „schweigen“ und „hören“ nebeneinander. Das Schweigen dient dem Hören, dem Lauschen auf Gottes Wort. Es macht feinfühlig für Gottes Gegenwart als den Raum, in dem wir uns bewegen, und für Gottes Wort, das uns den Weg weist.

Für Benedikt gehören Schweigen, Gehorsam und Demut zusammen. Demut ist die Grundhaltung, aus der Gehorsam und Schweigen wachsen. Es ist nicht von ungefähr, daß Benedikt die Kapitel vom Gehorsam und Schweigen vor das der Demut setzt. Und innerhalb des Demutskapitels handeln die ersten 4 Stufen vom Gehorsam, die letzten vom Schweigen. Im Gehorsam höre ich auf die Gebote des Herrn und auf seine Anweisungen, wie sie mich in den Befehlen des Abtes erreichen. Im Schweigen höre ich auf die Lehre des Herrn, die mir den Weg zum Leben zeigt. Und dieses Schweigen ist wie der Gehorsam nicht rein vertikal, sondern auch horizontal. Wer im Schweigen offen ist für Gottes Wort, der hört es auch aus den Worten des Abtes und der Mitbrüder heraus, der kann auch im Nächsten Gottes Gegenwart sehen. Entscheidend ist für Benedikt nicht eine Disziplin des Schweigens, sondern eine Haltung der Ehrfurcht, in der der Mönch offen ist für Gottes Geheimnis in der Stille, im Wort und in den Menschen.

Benedikt begründet das Schweigen im 6. Kapitel mit dem Wert des Schweigens selbst.

Also werde, auch wenn es sich um gute und heilige und erbauliche Gespräche handelt, den vollkommenen Schülern wegen des Ernstes der Schweigsamkeit (propter taciturnitatis gravitatem) nur selten die Erlaubnis zum Reden eingeräumt (RB 6).

Wathen[14] bemerkt, daß es sich bei propter taciturnitatis gravitatem um einen sog. genitivus identitatis handelt: taciturnitas und gravitas bedeuten das Gleiche und interpretieren sich gegenseitig. Gravitas aber meint bei Benedikt „das Durchdrungensein von der Nähe, ja Gegenwart Gottes".[15] Es geht im Schweigen also darum, das Durchdrungensein von der Gegenwart Gottes nicht aufzulösen. Wir sollen schweigen, damit wir die Offenheit für Gottes Gegenwart durchhalten. Schweigsamkeit ist für Benedikt eine positive Haltung: der Mönch soll sich für die Gegenwart Gottes aufschließen, er soll den ganzen Tag vor Gott leben, mit einem feinen Gespür für seine Nähe. Die Gegenwart Gottes ist der Raum, in dem er lebt, in dem er sich daheimfühlt, geborgen, angenommen. Die heilende Gegenwart Gottes hüllt ihn ein und möchte ihn bis in den Körper hinein durchdringen. Das Schweigen ist die innere Haltung, in der ich mich für diese Wirklichkeit des mich umgebenden Gottes aufschließe. Sie ist also mehr als Nicht-Reden. Nicht reden kann ich auch mit zusammengebissenen Zähnen. Für Gottes Gegenwart kann ich mich jedoch nur öffnen, wenn ich mich mit dem ganzen Leib aufmache, wenn ich mich nicht festhalte, sondern den Panzer meiner Haut aufbreche, um Gottes Gegenwart durch den Leib strömen zu lassen. Wenn ich so im Leibe offen durch die Natur gehe, dann fühle ich mich eingehüllt von Gottes Gegenwart, einer Gegenwart, die nicht bedrückt, sondern befreit und heilt, in der ich mich daher auch körperlich wohl fühle. Das Gespür für die Gegenwart Gottes soll man, so sagt Benedikt, auch in seinen Gebärden ausdrücken, in der Art, wie man zum Gottesdienst geht (RB 22, 15 und 43, 6) und man soll es im Reden durchhalten. Das nächtliche Stillschweigen, in dem man noch mehr als sonst das Eingehülltsein von Gottes Gegenwart spürt, soll durch ein Reden „cum gravitate“ nicht gestört werden (RB 42, 26), und wer im Gottesdienst zu lesen oder vorzusingen hat, soll es mit diesem Gespür für Gottes Nähe tun, damit die Brüder dadurch erbaut werden, damit ihnen im Wort und im Gesang Gott selbst gegenwärtig wird. (RB 47, 10)

Das Schweigen dient dem Hören auf das Wort Gottes und dem Beten. Das zeigt Benedikt im 4. Kap. Dort setzt er unmittelbar nach den Werkzeugen des Schweigens die Ermahnung: „die heiligen Lesungen gern hören; dem Gebete häufig obliegen.“ Und im 52. Kap. fordert er die Brüder auf, unter tiefstem Schweigen aus dem Gebetsraum hinauszugehen und die Ehrfurcht vor Gott zu wahren, damit jeder, der noch allein beten möchte, das ungehindert tun könne. Das

Schweigen ermöglicht eine Atmosphäre, in der man beten kann. Und es bewahrt das, was im Gebet gewachsen ist. Wer nach dem gemeinsamen Gebet sofort wieder spricht, kann die Frucht des Gebetes nicht behalten. Die Sammlung verfliegt, er gießt aus, was sich in ihm gesammelt hat. Das Schweigen läßt dagegen das Gebet noch nachklingen und sich im Herzen niedersetzen.

Die Haltung des Gesammeltseins ermöglicht auf der einen Seite das Hören Gottes, auf der anderen Seite ist sie Reaktion auf eine schon gemachte Erfahrung des Hörens. Der Mönch reagiert auf seine Erfahrungen mit Gott, indem er alles wegräumt, was ihn am weiteren Hören stören könnte. Es ist ein Schweigen der Ehrfurcht, in dem der Mönch verstummt vor dem Geheimnis, das ihm aufleuchtet. Die Erfahrung verfliegt, sobald man zu reden anfängt. So heißt es in einem Väterspruch:

Derselbe (Johannes) war glühend im Geiste. Ein Besucher lobte sein Werk. Er arbeitete gerade an einem Seile. Und er schwieg. Wieder versuchte der andere, ein Wort aus ihm herauszubringen, aber wieder schwieg er. Beim dritten Mal sagte er zu dem Besucher: „Seit du hier hereingekommen bist, hast du Gott von mir verjagt.“ (Apo 347)

Die Mönche schweigen nicht um eines abstrakten Prinzips willen, nicht, um sich künstlich in eine Stimmung zu versetzen, und auch nicht, um sich selbst eine Leistung der Askese vorweisen zu können. Sie schweigen, weil sie Gott erfahren haben und diese Erfahrung nicht durch das Reden wieder zunichte machen wollen. Sie wollen sich nicht herausreißen aus der Haltung, in der sie für Gott offen sind. Das zeigt sich vor allem vor dem Tod. Der Tod ist eine so entscheidende Probe, daß er nur schweigend richtig bestanden werden kann. Als die Brüder dem sterbenden Agathon immer wieder Fragen stellten, da sagt er zu ihnen:

Tut mir den Gefallen und sprecht nicht mehr mit mir; denn ich bin beschäftigt. (Apo 111)

Ähnliches wird vom Altvater Zacharias berichtet:

Altvater Poimen erzählte, daß der Altvater Moses den sterbenden Altvater Zacharias fragte: „Was siehst du?" und dieser geantwortet habe: „Ist es nicht besser, zu schweigen, Vater?" „Ja, Kind, schweige!" In der Todesstunde saß der Altvater Isidor bei ihm. Er blickte zum Himmel auf und sagte: „Freue dich, mein Kind Zacharias: aufgetan sind dir die Pforten des Königreiches der Himmel!" (Apo 247)

Sterbend ist der Mensch mit so wichtigen Dingen beschäftigt, daß das Reden ihn nur stören würde, es würde ihm eine tiefe Erfahrung versperren. C. G. Jung hat im Alter dieselbe Erfahrung gemacht. Er schreibt an einen Bittsteller, der ihn gerne besuchen möchte, um mit ihm zu reden:

Das Reden wird mir öfters zur Qual, und ich brauche oft ein mehrtägiges Schweigen, um mich von der Futilität der Wörter zu erholen. Ich bin auf dem Abmarsch begriffen und schaue nur zurück, wenn es nicht anders zu machen ist. Diese Abreise ist an sich schon ein großes Abenteuer, aber keines, über das man ausführlich reden möchte. Was Sie sich denken als einige Tage geistigen Austausches, könnte ich mit niemandem ertragen, nicht einmal mit meinem Allernächsten. Der Rest ist Schweigen! Diese Einsicht wird mit jedem Tag deutlicher, das Mitteilungsbedürfnis schwindet.[16]

Aus diesen Worten wird zugleich die Verpflichtung deutlich, die im Schweigen steckt. Ich darf mir nicht den Luxus des Schweigens erlauben, wenn ich mich selbst darin genießen will, wenn ich nur meine Ruhe haben will. Ich darf den vielen, die auf ein Wort warten, nur dann das Wort verweigern, wenn ich schweigend wirklich beschäftigt bin, wenn mein Schweigen nicht passives Nichtstun ist, sondern aktives Hören, ein Gehen in die Wüste, in den Raum Gottes, wenn ich auf das lausche, was Gott mir im Schweigen sagen will, wenn ich mich auf das Abenteuer einlasse, das mich in einem ehrlichen Schweigen Gott gegenüber erwartet.

2. Schweigen als Vollendung des Gebetes

Ein Thema, das in der monastischen Gebetslehre immer wieder erscheint, ist das Beten ohne Bilder und Gedanken, das Beten als reines Schweigen vor Gott. Das Schweigen ist zunächst eine Hilfe, um überhaupt beten zu können, um seinen Geist auf Gott zu richten, um in der lectio divina gesammelt auf Gottes Wort zu hören. Doch wenn der Mönch weit genug im geistlichen Leben fortgeschritten ist, dann wird er das wortlose Beten, ja sogar das bildlose Beten entdecken. Doch diese Art zu beten ist letztlich Geschenk von Gottes Gnade. Sie kann nicht als Technik geübt werden. Sie ist ein Ziel, das erst erreicht werden kann, wenn die vorhergehenden Stufen beschritten worden sind: lectio, oratio und meditatio.

Die monastische Überlieferung kennt 4 Stufen des Gebetes. Die 1. Stufe ist die Lesung, in der der Mönch das Wort Gottes lesend aufnimmt, es gegen sich gelten läßt. Die 2. Stufe ist die oratio, in der er dem Gelesenen antwortet. Oft unterbricht er auch körperlich das Lesen. Er kniet nieder oder wirft sich auf den Boden, um Gott auf das Wort zu antworten, das ihn im Herzen getroffen hat. Lectio und oratio sind 2 Seiten des Dialogs zwischen Gott und dem Menschen. In der lectio spricht Gott, in der oratio der Mensch.

In der meditatio als der nächsten Stufe läßt der Mönch das Gelesene einfach auf sich wirken. Er liest nicht weiter, sondern läßt sich von einem Wort in ein gesammeltes Schweigen führen, in dem das Wort, ohne analysiert zu werden, das ganze Herz durchdringen und verwandeln kann. Der Mensch braucht in der meditatio keine Worte mehr zu machen, er bleibt schweigend unter dem Eindruck des Wortes. Die Stille der meditatio ist keine leere, sondern eine erfüllte Stille, Stille unter dem Wort, vom Gotteswort hervorgerufen, eine Stille in Gottes Gegenwart. Es ist eine sehr menschliche Stille, Stille mit Christus, mit einem Du, das mich anschaut, dem ich keine frommen Worte sagen muß, in dessen Gegenwart ich einfach dasein kann, mich anschauen lasse, mich von seinem Wort, von seiner Gegenwart durchdringen lasse.

Christi Gegenwart wird durch das Wort der Lesung konkretisiert. Die Bilder, die mir in der Lesung begegnen, lassen ein menschliches Bild Jesu, auch ein menschliches Bild Gottes vor meinen Augen entstehen, vor dem ich still werde, weil das Anschauen und das Sich-Anschauenlassen Erfüllung genug ist. Das Wort schafft sich selbst eine Stille, es führt mich in eine lebendige Stille, in einen stillen Dialog mit Gott, dessen Bild schweigend zu mir spricht.

Die letzte Stufe des Gebetes ist für die Mönche die contemplatio, die Schau Gottes, das Hingerissensein von Gott. Hier hören Bilder, Gedanken und Vorstellungen auf. Hier wird Gott unmittelbar erfahrbar in reinem Schweigen. Doch die contemplatio ist nicht mehr aus eigener Kraft zu erreichen. Sie ist reines Geschenk. Ich kann Gott durch mein Still- und Leerwerden nicht zwingen, daß er mich mit geistlichem Reichtum erfüllt. Das wäre geistliche Habsucht. Das Schweigen wird von den Mönchen nicht als Technik verstanden, die Gotteserfahrungen herbeiführt, sondern es überkommt einen, wenn Gottes Wort einen so tief anrührt, daß die eigenen Worte und Gedanken verstummen. Das Schweigen in der contemplatio ist Reaktion auf das Wirken Gottes und nicht eine Methode, besser beten zu können. Daher soll man sich an die 3 andern Stufen halten und nicht ungeduldig nach der 4. Stufe Ausschau halten.

Daß das Schweigen eine Reaktion auf eine tiefe Gotteserfahrung ist und nicht umgekehrt ein Mittel, Gotteserfahrung zu erzeugen, das geht auch aus der Heiligen Schrift hervor. Schweigen kann zwar eine Hilfe sein, offen für Gott zu werden, Gespür für seine Gegenwart zu bekommen. Doch das tiefe Schweigen ist immer Reaktion, die von Gottes mächtigem Erscheinen selbst bewirkt wird. So heißt es Hab 2,2:

Der Herr ist in seinem hl. Tempel – stille vor ihm alle Welt!

oder Soph 1, 7: Still vor dem Gebieter und Herrn! Denn es ist nahe der Tag des Herrn.

oder Offb 8, 1: Als es (das Lamm) das 7. Siegel öffnete, entstand eine Stille im Himmel von etwa einer halben Stunde.

In all diesen Texten wird das tiefe und reine Schweigen von Gott selbst hervorgerufen. Wir können nur einen Raum der Stille und Sammlung schaffen, aber das reine Schweigen selbst ist durch keine Technik erlernbar, es ist eine Reaktion, ein Verstummen vor dem erhabenen Gott, vor dem es einem nicht nur die Sprache, sondern auch das Denken verschlägt. Die Mönche geben daher keine Technik an, wie etwa die Zenmeditation, das reine Schweigen einzuüben. Üben können wir nur Lesung, Gebet und Meditation. Alles andere ist Gottes Werk.

Das Thema des schweigenden Betens hat vor allem Evagrius Ponticus entfaltet. In seinem Traktat de oratione schreibt er:

Zwinge dich dazu, während des Gebetes deinen Geist stumm und taub werden zu lassen. Dann wirst du beten können.

Wenn du betest, stelle dir nicht Gott unter einem sichtbaren Bilde in dir gegenwärtig vor. Laß deinen Verstand auch nicht die Spur irgendeines Gedankens fassen, sondern sei körperlos vor dem Körperlosen, und du wirst erkennen.

Wenn der hinterlistige Teufel vergeblich versucht hat, dein Gedächtnis während des Gebetes zu trüben, dann bestürmt er deine körperliche Veranlagung, um in deiner Seele ein unbekanntes Phantasiegebilde zu erwecken und ihr dadurch irgendeinen Gedankeninhalt zu vermitteln. Der Verstand ist ja gewohnt, bei Gedanken zu verweilen und steht gar leicht unter ihrem Eindruck. Wenn er sich aber in seinem Streben nach körperloser Gottesschau und ohne jedes Gedankenbild ablenken läßt, dann nimmt er den Rauch anstatt des Feuers.[17]

Diese Gedanken des Evagrius sind nur auf dem Hintergrund seiner asketischen Lehre zu verstehen. Zunächst schreibt Evagrius, soll das Gebet frei sein von leidenschaftlichen Gedanken. In den leidenschaftlichen Gedanken zeigen sich die Laster, die der Mönch auf seinem Weg zu Gott überwinden muß, weil sie ihn von Gott trennen. Es geht also zunächst darum, zornige und traurige Gedanken beim Gebet auszuschließen. Wir erfahren immer wieder, daß gerade dann, wenn wir beten wollen, Gedanken an Menschen auftauchen, die uns auf die Nerven gehen, die uns vielleicht Unrecht getan haben.

Evagrius sagt, der Dämon des Zornes möchte uns durch solche Gedanken von Gott abhalten. Wir müßten daher erst diese Gedanken loswerden, um wirklich beten zu können.

Aber nicht nur zornige, sondern auch irgendwelche andere Gedanken halten uns von Gott ab. Unser Geist beschäftigt sich mit den Gedanken anstatt mit Gott. Er denkt an dieses oder jenes, nur nicht an Gott. Selbst wenn wir unsere Phantasie auf Gott richten und uns Bilder von Gott ausdenken, kann uns das von Gott trennen. Denn manchmal sind uns unsere Bilder von Gott wichtiger als Gott selbst. Wir hängen dann an unsern Bildern oder an unsern Gefühlen, die wir mit Gotteserfahrung verwechseln. Evagrius fordert uns auf, gerade bei Bildern, die Gott darzustellen scheinen, vorsichtig zu sein. Denn allzuleicht mischt sich der Dämon des Stolzes in unser Beten. Er ruft in uns Vorstellungen und Gefühle von Gott hervor, damit wir bei den Gefühlen stehen bleiben und nicht dem wirklichen Gott begegnen.

Wenn der Geist rein, nicht umherschweifend und ganz aufrichtig betet, dann kommen die Dämonen nicht mehr von der linken, sondern von der rechten Seite: sie spiegeln ihm die Herrlichkeit Gottes vor und die Gestalt von Dingen, die dem Bewußtsein angenehm sind, so daß es ihm scheint, als habe er schon das Ziel des Gebetes vollkommen erreicht. Doch das, so sagt ein verehrungswürdiger und weiser Mann, rührt von der Leidenschaft des Stolzes her, und vom Dämon, der eine Stelle im Gehirn berührt und durch eine Ader durcheinanderbringt.[18]

Gerade der, der meint, er sei allen niederen Leidenschaften enthoben, ist in Gefahr, seine eigenen Bilder und Vorstellungen für Erscheinungen Gottes zu halten. Er verwechselt sie mit

Gotteserfahrungen. Er möchte sie festhalten und davon reden und andern mitteilen und merkt gar nicht, wie er vom Dämon des Stolzes zum Narren gehalten wird.[19]

Die Skepsis des Evagrius gegenüber allen beschreibbaren Gotteserfahrungen soll uns davor bewahren, allzu leichtfertig von der Erfahrung Gottes zu sprechen. Unser Beten ist über lange Strecken hinweg Nicht-Erfahrung, Aushalten der eigenen Leere, Schweigen unserer Gedanken und Gefühle, nur ein Ahnen der Fülle mitten in unserer Leere. Das schweigende Beten, wie es Evagrius versteht, ist nicht ein stolzes Verzichten auf alle Bilder und Vorstellungen, weil man sie nicht mehr nötig habe, weil man ja schon unmittelbar Kontakt zu Gott habe. Das Schweigen überkommt einen, manchmal brennt es einen aus, entleert, schmerzt, manchmal ist es erfülltes Schweigen, von Gott selbst bewirktes Schweigen, von Gottes Gegenwart durchdrungen. Doch dann kann man nicht mehr darüber reden, dann kann man nicht geschwätzig seine Gotteserfahrung vor den Menschen ausbreiten, sondern man trägt die Ahnung von diesem erfüllten Schweigen in sich wie eine zarte Blüte, die man nicht dem rauhen Wind aussetzen darf. Die Tatsache, daß Benedikt das schweigende Beten gar nicht erwähnt, zeigt, daß es für die Mönche die Ausnahme war. Wer sich tagtäglich um ein redliches Chorgebet, um gute Meditation, Lesung und persönliches Beten müht, der erfährt von Zeit zu Zeit erfüllte Augenblicke des Schweigens als ein Geschenk Gottes.

Wesentlich optimistischer spricht man in der deutschen Mystik des Mittelalters von der schweigenden Erfahrung Gottes. Die höchste Stufe des Betens ist für Meister Eckehart,

Johannes Tauler und Heinrich Seuse das schweigende Einswerden mit dem Seelengrund, in dem Gott selbst bildlos ruht. Wenn wir uns aller Bilder entschlagen und in unsern bildlosen Grund versinken, dann sind wir mit Gott eins. Meister Eckehart meint, die Bilder, die wir uns von Gott machen, können Gott daran hindern, daß er selbst in uns eingeht:

Das mindeste Bild der Kreatur, das in dir haftet, ist so groß wie Gott: es hindert dich deines ganzen Gottes. Soweit ein solches Bild in dich eingeht, muß Gott weichen, und soweit dieses Bild hinausgeht, geht Gott hinein.[20]

Im Schweigen geht es darum, sich aller Bilder und Gedanken zu entblößen, damit wir Gott den Weg zu uns nicht verstellen. Wenn wir auf unsere eigenen Gedanken verzichten, wenn wir den Gott loslassen, den wir uns ausdenken, dann geben wir Gott die Möglichkeit, in uns geboren zu werden:

Im innersten Wesen der Seele, im Fünklein der Vernunft, geschieht die Gottesgeburt. In dem Reinsten, Edelsten und Zartesten, was die Seele zu bieten vermag, da muß es sein: in jenem tiefen Schweigen, dahin nie gelangte eine Kreatur noch irgendein Bild.[21]

In jedem von uns ist ein Ort, an dem es völlig still ist, ein Ort, frei von den lärmenden Gedanken, frei von Sorgen und Wünschen. Es ist ein Ort, an dem wir selbst ganz bei uns sind. Dieser Ort, der durch keinen Gedanken getrübt ist, ist für Eckehart das Wertvollste im Menschen, der Punkt, an dem die wahre Begegnung zwischen Gott und dem Menschen stattfinden kann. An diesen Ort des Schweigens müssen wir vordringen. Wir brauchen ihn nicht zu schaffen, er ist da, er ist nur verschüttet durch unsere Gedanken und Sorgen. Wenn wir diesen Ort des Schweigens in uns freischaufeln, dann können wir Gott begegnen, wie er ist. Wir halten uns dann nicht an uns und unsern Gedanken fest, sondern lassen uns völlig los, wir lassen uns fallen in das Geheimnis Gottes, das uns trägt. Wir schreiben dann Gott nicht vor, wie er uns zu begegnen hat, sondern werden offen für sein Kommen, wie er es uns zugedacht hat. Auch wenn wir diesen Ort des Schweigens in uns freilegen, können wir keine Gotteserfahrung erzwingen. Wir können ebenso nur Leere und Dunkelheit spüren. Aber wir sind dann offen für Gottes Kommen. Wir erwarten nicht neugierig und ungeduldig auf eine Erfahrung Gottes.

Wir lassen alle Erwartungen los, die Erwartung einer intensiven Gotteserfahrung, die Erwartung beglückender Gefühle. Wir lassen unsere Bilder und Vorstellungen los, wir lassen uns selbst los. Wir brauchen Gott nichts vorzuweisen, keine erbaulichen Gedanken, keine frommen Gefühle. Wir sind einfach vor Gott und schweigen. Wir halten unser leeres Herz in seine Gegenwart, um es von seiner unaussprechlichen und nicht mehr mit Worten zu beschreibenden Liebe erfüllen zu lassen. Wir schweigen vor Gott und warten. Wir wissen nicht, ob Gott kommt und uns ergreift. Wir wissen im Glauben nur, daß er da ist, auch wenn wir ihn nicht erfahren. Auszuharren und zu warten, auch die Nicht-Erfahrung im Gebet auszuhalten, das feste Ufer der Gedanken und Bilder loszulassen, sich in Gottes Liebe fallen zu lassen, sich für Gottes Gegenwart zu öffnen, ohne die Gewißheit, etwas davon zu spüren, darin bestünde für die Mönche das Schweigen. Es ist ein Schweigen der Erfahrung und Nicht-Erfahrung zugleich, ein Schweigen erfüllt vom Gespür für Gottes Nähe und ein Schweigen entleert von allen menschlichen Gedanken und

Gefühlen, ein Schweigen jenseits der Erfahrung, ein Schweigen, das sich selbst und alle Suche nach Erfahrung losläßt und sich vertrauend in Gottes Arme fallen läßt.

Abkürzungen

Apo Apophthegmata Patrum, zit. nach der Übers. v. B. Miller, Weisung der Väter, Freiburg 1965. Die Zahlen geben die Nummer des Apophthegma nach der Zählung von Miller an.

RB Die Regel St. Benedikts, übers. v. B. Steidle, Beuron 1952. Die Stellenangaben richten sich nach der Ausgabe v. Ph. Schmitz, Maredsous 1955.

Anmerkungen

1 Johannes Climacus, die Leiter zum Paradiese, übers. v. einem kath. Geistlichen, Regensburg 1874, 163.

2 H. J. M. Nouwen, Ich hörte auf die Stille, Freiburg [3]1979, 124.

3 E. Cardenal, Das Buch von der Liebe, Hamburg [4]1976, 24.

4 Nouwen, 41.

5 Les sentences des pères du désert, nouveau recueil, hrsg. v. L. Regnault, Solesmes [2]1977, Eth Coll 13, 84.

6 E. Kästner, Der Aufstand der Dinge, Frankfurt 1973, 60.

7 Les sentences: Eth Coll 13, 40.

8 Vgl. dazu. A. G. Wathen, Silence. The Meaning of Silence in the Rule of St. Benedict, Washington 1973, 202 ff.

9 Communauté de Taizé, Einführung in die Retraite: R. Bochinger, Die Gnade des Gebets, Gütersloh 1964, 22 f.

10 Ambrosius, De Abraham CSEL XXXII 1, 565[18].

11 Vgl. Joh. Cassianus, Collationes III, 6 f.

12 Nouwen, 33.

13 Ebd. 156 f.

14 Vgl. Wathen, 29 f.

15 B. Steidle, Die Regel St. Benedikts, Beuron 1952, 241, Anm. 1.

16 C. G. Jung, Briefe III, Olten 1973, 95.

17 Evagrius Ponticus, De oratione, PG 79, 1170 und 1182.

18 Ebd. PG 79, 1182.

19 Vgl. ebd. 1183.

20 Meister Eckehart, Das System seiner religiösen Lehre und Lebensweisheit. Textbuch v. O. Karrer, München 1926, 138.

21 Ebd. 173.

MÜNSTERSCHWARZACHER KLEINSCHRIFTEN

Schriften zum geistlichen Leben

ISSN 0171-6360

herausgegeben von Mönchen der Abtei Münsterschwarzach

1	A. Grün OSB, **Gebet und Selbsterkenntnis**	(1979) 56 S.	DM 4,80
2	B. Doppelfeld OSB, **Der Weg zu seinem Zelt** Der Prolog der Regula Benedicti als Grundlage geistlicher Übungen	(1979) 64 S.	DM 5,40
3	F. Ruppert OSB/A. Grün OSB, **Christus im Bruder**	(1979) 56 S.	DM 4,80
4	P. Hugger OSB, **Meine Seele, preise den Herrn**	(1979) 86 S.	DM 7,40
5	A. Louf OCSO, **Demut und Gehorsam**	(1979) 55 S.	DM 4,80
6	A. Grün OSB, **Der Umgang mit dem Bösen**	(1980) 84 S.	DM 7,40
7	A. Grün OSB, **Benedikt von Nursia – Seine Botschaft heute**	(1979) 60 S.	DM 5,20
8	P. Hugger OSB, **Ein Psalmenlied dem Herrn** Teil 1: Möglichkeiten des heutigen Psalmengebets	(1980) 72 S.	DM 6,80
9	P. Hugger OSB, **Ein Psalmenlied dem Herrn** Teil 2: Impulse zum christlichen Psalmengebet; Psalm 1 – 72	(1980) 80 S.	DM 7,60
10	P. Hugger OSB, **Ein Psalmenlied dem Herrn** Teil 3: Impulse zum christlichen Psalmengebet; Psalm 73 – 150	(1980) 80 S.	DM 7,60
11	A. Grün OSB, **Der Anspruch des Schweigens**	(1980) 72 S.	DM 6,80
12	B. Schellenberger OCSO, **Einübung ins Spielen**	(1980) 52 S.	DM 4,80
13	A. Grün OSB, **Lebensmitte als geistliche Aufgabe**	(1980) 60 S.	DM 5,60
14	B. Doppelfeld OSB, **Höre, nimm an, erfülle** St. Benedikts Grundakkord geistlichen Lebens	(1981) 68 S.	DM 6,80
15	E. Friedmann OSB, **Mönche mitten in der Welt**	(1981) 76 S.	DM 7,40
16	A. Grün OSB, **Sehnsucht nach Gott**	(1982) 64 S.	DM 6,40
17	F. Ruppert OSB/A. Grün OSB, **Bete und arbeite**	(1982) 80 S.	DM 7,80
18	J. Lafrance, **Der Schrei des Gebetes**	(1983) 62 S.	DM 6,40
19	A. Grün OSB, **Einreden,** Der Umgang mit den Gedanken	(1983) 78 S.	DM 7,80
20	R.-N. Visseaux, **Beten nach dem Evangelium**	(1983) 68 S.	DM 7,20
21	J. Main, **Meditieren mit den Vätern** Gebetsweise in der Tradition des J. Cassian	(1983) 56 S.	DM 5,40
22	A. Grün OSB, **Auf dem Wege,** Zu einer Theologie des Wanderns	(1983) 72 S.	DM 7,40
23	A. Grün OSB, **Fasten – Beten mit Leib und Seele**	(1984) 76 S.	DM 7,60
24	G. Kreppold OFMCap, **Heilige – Modelle christlicher Selbstverwirklichung**	(1984) 80 S.	DM 7,80
25	G. Kreppold OFMCap, **Die Bibel als Heilungsbuch**	(1985) 80 S.	DM 7,80
26	A. Louf/M.Dufner, **Geistliche Vaterschaft**	(1984) 48 S.	DM 5,20
27	B. Doppelfeld OSB, **Die Jünger sind wir** Das Leiden Jesu Christi, mit seinen Jüngern erlebt	(1985) 64 S.	DM 6,80
28	M. W. Schmidt OSB, **Christus finden in den Menschen**	(1985) 44 S.	DM 4,80
29	A. Grün OSB/M. Reepen OSB, **Heilendes Kirchenjahr**	(1985) 84 S.	DM 7,80
30	F.-X. Durrwell, **Eucharistie – das österl. Sakrament**	(1985) 74 S.	DM 7,40
31	B. Doppelfeld OSB, **Mission**	(1985) 60 S.	DM 6,40